AI와 정치 커뮤니케이션

인공지능총서

인공지능 시대입니다. 기계가 인간의 인지를 대신하고, 사물이 인간을 통하지 않고 다른 사물과 직접 커뮤니케이션합니다. 이에 따른 인간 삶과 문명 변화를 정확히 이해·예측·대응하는 것은 이 시대 우리 모두의 과제입니다. 인공지능총서는 인공지능 기술과 환경의 여러 주제를 10가지 키워드로 정리합니다. 관련 개념과 이론, 학계와 산업계의 쟁점, 우리 일상의 변화를 다룹니다. 인간과 기술의 현재, 미래를 세심히 분석합니다.

일러두기

- 인명, 작품명, 저서명, 개념어 등은 한글과 함께 괄호 안에 해당 국가의 원어를 병기했습니다.
- 외래어 표기는 현행 어문규정의 외래어표기법을 따랐습니다.

처음이세요?

전문가세요?

AI와 정치 커뮤니케이션

권성욱

대한민국, 서울, 커뮤니케이션북스, 2025

AI와 정치 커뮤니케이션

지은이 권성욱
펴낸이 박영률

초판 1쇄 펴낸날 2025년 9월 23일

커뮤니케이션북스(주)
출판 등록 2007년 8월 17일 제313-2007-000166호
02880 서울시 성북구 성북로 5-11
전화(02) 7474 001, 팩스(02) 736 5047
commbooks@commbooks.com
www.commbooks.com

ISBN 979-11-430-0897-8 03500

책값은 뒤표지에 표시되어 있습니다.

차례

AI 시대의 정치 커뮤니케이션

인공지능(AI) 기술의 급속한 발전으로 정치 커뮤니케이션의 방식이 근본적으로 변화하고 있다. 특히 2010년대 중반 이후 딥러닝 기술이 획기적으로 진보하면서, 정치 메시지가 만들어지고 전파되며 소비되는 방식이 과거와 완전히 달라졌다. 이 변화는 단순한 기술적 진보를 넘어, 민주주의의 본질과 시민 참여의 의미에 대한 근본적인 성찰을 요구한다. 한국에서도 2022년 대선을 계기로 AI가 정치에 본격적으로 등장했다. 주요 후보들이 디지털 아바타, AI 챗봇, 자동화 시스템 등을 선거 전략에 활용하면서 AI 정치 커뮤니케이션 시대의 서막을 열었다.

AI는 단순한 정보 전달자가 아니라 해석자로 기능한다. 플랫폼 알고리즘은 사용자의 기존 성향을 더욱 강화하고, 딥페이크 기술은 현실과 허구의 경계를 모호하게 만든다. 선거 캠페인이 빅데이터와 감성 알고리즘을 기반으로 하면서, 민주적 여론 형성은 점점 더 조작 가능성이 높은 구조로 전환하고 있다. 이는 하버마스가 말한 공론장의 이상적 조건, 즉 누구나 비편향적으로 정보에 접근하고 비판적 토론에 참여할 수 있는 조건을 약화한다(Habermas, 1962). 민주주의는 다양한 의견과 불확실성을 수용하는 체제이지만, 알고리즘은 사용자 체류 시간과 클릭률을 기준으로 정보를 선별함으로써 정보 편식을 조장하고 있다.

AI와 정치 커뮤니케이션의 융합은 거스를 수 없는 시대적 흐름이다. 이 흐름은 민주주의에 새로운 기회와 동시에 심각한 도전을 던진다. AI는 시민 참여를 촉진하고 정치적 소통을 개선하며, 보다 민감하게 반응하는 거버넌스를 가능하게 할 수 있다. 그러나 동시에 정보 조작, 사생활 침해, 정치적 양극화라는 심각한 부작용도 수반한다. 특히 딥페이크 기술은 생성형 AI의 대표적인 위협 사례로 꼽히며, 정치인의 얼굴과 목소리를 정교하게 조작해 마치 실제 발언인 것처럼 인식될 수 있다. 실제로 2024년 12월 3일 대통령의 계엄령 선포 당시, 더불어민주당 이재명 대표가 관련 영상을 처음 보았을 때 딥페이크일 가능성을 의심했다고 밝힌 바 있다(CNN, 2024). 전문가들은 향후 딥페이크 영상이 정보 신뢰성에 치명적인 타격을 줄 수 있다고 경고한다. 이로 인해 많은 국가들이 AI의 선거 개입을 방지하기 위한 규제 마련에 나서고 있다.

AI는 선거뿐만 아니라 국가 안보에도 위협이 될 수 있다. 2023년 5월, 미국에서는 한 언론사를 사칭한 트위터 계정이 국방부 청사가 폭발하는 이미지를 유포하며 다우존스 지수가 단 4분 만에 85포인트 급락하는 사태가 발생했다. 또한 2022년 우크라이나 · 러시아 전쟁 당시에는 젤렌스키 대통령이 러시아에 항복을 촉구하는 조작 영상이 유포되기도 했다. 비록 영상의 완성도가 낮아 큰 영향을 주진 않았지만, AI가 전쟁 선전 도구로 사용될 수 있다는 가능성을 보여 주며 국제 사회에 경각심을 일으켰다.

이러한 배경 속에서 2023년 11월 1일, 한국, 미국, 유럽연합(EU)을 포함한 28개국은 영국 블레츨리 파크에서 열린 'AI 안전 서밋(AI Safety Summit)'에서 '블레츨리 선언'을 통해 위험한 AI 기술의 개발을 방지하고 AI 안전에 공동으로 협력하기로 합의했다. 각국은 AI 기술이 세계 평화와 번영에 기여하는 방향으로 발전하도록 노력하고 있으며, 동시에 민주주의를 위협하는 요소를 경계하고 있다. AI 기술은 생활을 편리하게 만드는 잠재력을 지녔지만, 민주주의의 위기를 초래할 수 있는 이중적 성격을 갖고 있기에 정부의 적극적인 대응이 요구된다.

가장 중요한 것은 기술 그 자체가 아니라, 그것을 어떻게 활용하고 관리하느냐다. 투명성, 책임성, 포용성이라는 원칙하에서 AI를 운용한다면 민주주의는 더욱 탄탄해질 수 있다. 그러나 이 원칙이 무시되고 단기적인 이익에만 몰두한다면, AI는 민주주의를 위협하는 수단으로 전락한다. 한국을 포함한 전 세계의 민주주의 국가는 지금 중대한 갈림길에 서 있다. AI 기술이 빠르게 진화하는 만큼, 우리에게 주어진 시간은 많지 않다. 지금 이 순간부터 정부, 기업, 시민 사회, 학계가 협력해 민주주의를 강화하는 방향으로 AI를 유도해야 한다. 이것은 단순한 기술적 과제가 아니라, 우리가 어떤 민주주의를 꿈꾸고 실현해 나갈 것인지에 대한 본질적인 질문이다.

AI 시대의 정치 커뮤니케이션은 새로운 가능성과 위험이 동시에 존재하는 영역이다. 현명하게 대처한다면, AI는 더 많은 시민이 참여하고, 더 투명하며, 포용력 있는 민주주의를 실현하는 데 강력한 도구가 될 수 있다. 그러기 위해서는 기술에 대한 이해는 물론 윤리적 숙고, 제도적 장치 마련, 시민들의 자발적인 참여가 필수다. AI와 민주주의의 미래는 결국 우리 모두의 의지와 실천에 달려 있다.

이 책의 구성

이 책은 다음과 같이 구성되었다. 1~3장은 AI와 정치 커뮤니케이션의 기초를 다룬다. 1장에서 AI 기술이 정치 커뮤니케이션에 미치는 영향을 국제적 사례와 한국의 특성을 바탕으로 개괄하고, 2장에서는 정치 메시지의 개인화, 자동화, 신뢰성 문제를 중심으로 구조적 전환을 살펴본다. 3장은 마이크로 타기팅과 AI의 결합이 만들어 내는 '정밀한 설득'의 메커니즘과 윤리적 쟁점을 분석한다. 4~7장은 AI 기술의 구체적 활용 사례들을 다룬다. 4장에서 딥페이크와 가짜 뉴스의 기술적 원리와 민주주의의 위협을 분석하고, 5장에서는 AI 봇의 정치적 여론 형성 과정을 살펴본다. 6장과 7장은 각각 AI가 선거 캠페인 전략과 정치 광고에 미치는 혁신적 변화를 국제 사례와 함께 제시한다. 8~10장은 대응 방안과 미래 전망을 제시한다. 8장에서 AI가 민주주의에 미치는 위협과 각국의 규제 현황을 분석하고, 9장에서는 미디어 리터러시와 디지털 시민성 교육의 중요성을 강조한다. 마지막 10장에서는 AI와 민주주의의 공존을 위한 종합적 전략을 제시하는 것으로 마무리한다.

이러한 구성을 통해 이 책은 AI가 정치 커뮤니케이션에 미치는 영향과 민주주의의 변화와 지속 가능성에 관심 있는 모든 독자에게 AI 기술의 기회와 위협, 그리고 이에 대응하기 위한 방법을 국제 사례와 함께 중립적으로 제시했다. 다만 이 책을 집필하면서 한 가지 아쉬운 점은 정치 커뮤니케이션 이론과 AI 기술의 연결점을 명시적으로 설명하지 못한 부분이다. 이는 이론적 토대와 기술적 현실 사이의 간극을 의미한다. 향후 연구에서 보완되어야 할 과제도 남겨 둔다.

참고문헌

CNN(2024.12.5). South Korean opposition leader thought martial law announcement was 'a deepfake'. https://www.cnn.com/2024/12/05/asia/south-korea-lee-jae-myung-martial-law-deepfake-intl-hnk

Habermas, J.(1962). 《공론장의 구조변동: 부르주아 사회의 한 범주에 관한 연구》. 한승완 옮김(2001). 나남출판.

01
AI와 정치 커뮤니케이션

AI 기술이 정치 커뮤니케이션에 미치는 영향을
국제적 사례와 한국의 특성을 바탕으로
분석하고, 그 기회와 위협을 균형 있게
고찰한다.

기후 위기와 인공지능?

AI와 정치 커뮤니케이션의 융합

정치 커뮤니케이션은 전통적으로 송신자-메시지-수신자 모델을 기반으로 발전했으며, 주로 경험과 직관에 의존해 왔다. 그러나 디지털 전환이 가속화되고 유권자의 행동 패턴이 복잡해지고 정보 과부하 현상이 심화되면서 이러한 선형적 모델은 상호작용적이고 네트워크화된 현실을 설명하는 데 한계를 보이기 시작했다. AI 기술의 도입은 이러한 한계를 극복하고 새로운 이론적 프레임워크의 필요성을 제기한다. 특히 2010년대 중반 이후 딥러닝 기술의 비약적 발전으로 정치 콘텐츠의 제작과 전달 방식이 근본적으로 변화하며, 정치 커뮤니케이션 분야에 혁신적 변화를 가져오고 있다.

현재 AI 기술은 데이터 분석을 통해 실시간 여론 분석, 개인화된 맞춤형 메시지 제작, 예측 분석 등 다양한 방식으로 정치 커뮤니케이션의 효율성과 정교함을 높이며 그 파급력을 확대하고 있다. 이러한 변화는 단순한 기술적 개선을 넘어 정치적 의사소통의 본질적 변화를 의미한다. 특히 대규모 언어 모델(LLM)과 함께 멀티모달 AI가 정치 커뮤니케이션 전략의 핵심을 변화하게 만든다. 지피티(GPT) 기반 LLM은 연설문 초안, 질의응답 자동화, 정책 브리핑 등을 자동으로 생성하며, 달리(DALL-E)

나 미드저니(Midjourney) 같은 이미지·영상 생성형 AI는 포스터와 인포그래픽 등의 시각적 메시지를 실시간으로 제작한다. 이처럼 텍스트 기반을 넘어 오디오, 이미지, 비디오까지 통합적으로 처리된 메시지 생산은 유권자에게 몰입적 경험을 제공하며, 정치 소통을 더욱 정교화한다(Mayer et al., 2025).

AI의 정치 활용 동향

미국은 AI를 정치 커뮤니케이션에 가장 적극적으로 활용하는 국가다. 미국 대선에서 오바마와 트럼프 캠페인은 각각 데이터 분석과 AI 기술을 활용하여 유권자별 맞춤형 메시지를 제작하고 소셜미디어를 통해 전달함으로써 선거 결과에 큰 영향을 끼쳤다. 오바마의 2008년과 2012년 캠페인에서는 개인 맞춤형 이메일, 지역 기반 온라인 광고, 소셜 네트워크 서비스(SNS) 연동 고객 관계 관리(CRM, Customer Relationship Management) 전략을 통해 유권자의 참여를 전략적으로 유도하면서(Bimber, 2014), 빅데이터 기반의 최첨단 캠페인 기법들을 총동원했다. 이후 대부분의 선거 캠프는 이러한 통합적 디지털 전략을 차용했으며, 특히 페이스북(Facebook)과 구글(Google) 등 기술 플랫폼 기업은 2016년 대선 동안 정치 캠페인과 직접 협업하는 등 정치적 커뮤니케이션 형성에 큰 역할을 했다(Kreiss & McGregor, 2018).

오바마 캠페인 이후, 많은 정치 캠프는 데이터 기반 전략을 도입했다. 특히 SNS를 중심으로 개인 맞춤형 정치 메시지를 전달하는 사례가 늘어나고 있으며, 이는 유권자와의 소통을 강화하는 데 기여한다. 2016년과 2020년 선거에서는 소셜미디어 플랫폼과 AI 기술의 결합이 더욱 두드러졌다. 트럼프 캠페인은 2019년부터 수백 개의 서로 다른 광고를 테스트하여 타깃 그룹별로 최적화된 메시지를 전달했다. 이는 개인화된 정치 커뮤니케이션의 극단적인 형태로, 각 유권자 그룹의 관심사와 성향에 맞춘 맞춤형 콘텐츠를 대량으로 생산하고 배포하는 것을 가능하게 했다. 특히 2024년 미국의 한 의회 선거에서는 생성형 AI 기술을 활용하여 유권자와 대화하고 토론하는 '애슐리(Ashley)'가 유권자들의 반응을 실시간으로 추적하고 분석한 사례도 있다(Tong & Coster, 2023).

한국에서도 AI 기술의 정치적 활용이 점차 확산되고 있다. 2022년 대통령 선거는 우리나라 정치사에서 AI가 본격적으로 활용된 첫 번째 대선으로 평가된다. 주요 후보 캠프들은 빅데이터 분석 팀을 구성하고, AI를 활용한 여론 분석과 메시지 전략 수립에 나섰다. 특히 MZ세대를 겨냥한 소셜미디어 전략에서 AI의 역할이 두드러졌다. 각 캠프는 소셜미디어 댓글과 반응을 실시간으로 분석하여 이슈별 여론 동향을 파악했다. 이를 바탕으로 신속한 대응 메시지를 생성하고, 타깃 그룹별로 차별화된 콘텐츠를 배포했다. 이와 같이 정치 캠페인에서의 AI 활용은 단순한 데이터 분석을 넘어선다. 자연어 처리(NLP) 기술을 통해 소셜미디어 게시물, 유권자 피드백, 뉴스 기사 등 방대한 텍스트 데이터를 분석하여 대중의 정서를 실시간으로 측정할 수 있다. 특히 AI는 특정 유권자의 행동 패턴과 심리적 특성을 예측하여 정밀한 타기팅을 가능하게 하고, 메시지의 설득력을 극대화하는 전략적 도구로 진화하고 있다.

2024년은 전 세계 76개 국가, 42억 명이 넘는 사람들이 투표에 참여한 이른바 '슈퍼 선거의 해'였다. 이로 인해 생성형 AI 기술을 이용한 딥페이크 영상이나 조작된 음성 등이 세계 각국의 선거에 어떤 영향을 줄지에 대한 우려가 컸다. 실제로 같은 해 11월 미국 대선을 앞두고 트럼프 전 대통령이 체포에 불응하다가 경찰에 제압당하는 내용의 조작 영상이 유포되었으며, 민주당 대선 예비 선거를 앞두고 조 바이든 대통령을 사칭한 딥페이크 음성이 경선 불참을 권유하는 식으로 유포되기도 했다.

특히 챗지피티(ChatGPT) 개발사인 오픈AI(OpenAI)는 미국 대선을 한 달 앞두고 자사 AI를 악용해 허위 정보를 만들어 선거에 개입하려는 시도가 20건 이상 있었다고 밝히며 해당 계정을 차단했다고 발표했다. 오픈AI가 공개한 보고서에 따르면(OpenAI, 2024), 사이버 범죄자들이 챗지피티를 이용해 허위 뉴스 기사, 소셜미디어 게시물, 가짜 캠페인 자료 등을 대량 생성해 유권자를 오도하거나 선거에 영향을 미치려는 시도가 있었다.

AI 정치 커뮤니케이션의 기회와 위협

우리나라의 정치 커뮤니케이션 환경은 몇 가지 독특한 특성을 가지고 있다. 첫째, 높은 인터넷 보급률과 스마트폰 사용률로 인해 디지털 정치 커뮤니케이션의 잠재력이 크다. 둘째, 포털 사이트와 메신저 앱의 영향력이 절대적이어서, 이들 플랫폼과의 협력이 필수다. 셋째, 연령대별 미디어 이용 패턴의 차이가 크고, 정치적 양극화가 심해 세분화된 전략이 필요하다. 그러나 동시에 여러 과제도 존재한다. 개인 정보 보호에 대한 우려, 가짜 뉴스와 조작된 여론에 대한 경계, 디지털 격차로 인한 정보 불평등 등이 주요 이슈로 제기되고 있다. 또한 선거법상 인터넷 선거 운동의 제약과 AI 활용에 대한 명확한 가

이드라인 부재도 해결해야 할 과제다. 지난 6월 제21대 대통령 선거를 앞두고는 AI 기술이 선거 운동에 미치는 영향에 대한 우려가 컸다.

AI의 정치 커뮤니케이션 활용은 메시지 전달의 효율성 증가, 유권자의 정치 참여 확대라는 긍정적인 효과를 가져올 수 있다. 특히 유권자 개인의 관심사를 정확히 반영한 메시지 전달을 통해 정치 무관심층의 참여를 촉진할 가능성이 크다. AI는 복잡한 정책 정보를 개인화하여 전달함으로써 시민들의 정치적 이해도를 높일 수 있다. 특히 전통적인 정치 커뮤니케이션이 일방적이었다면, AI는 실시간 양방향 소통을 가능하게 한다. 예를 들어 AI 챗봇은 수천, 수만 명의 시민과 동시에 대화할 수 있으며, 각각의 질문과 우려에 개인화된 답변을 제공할 수 있다. 이를 통해 정치인과 시민 간의 거리를 좁히고, 보다 직접적인 민주주의를 구현하는 도구가 된다. 그러나 AI의 활용은 동시에 민주주의의 위협 요소로도 작용할 수 있다. AI 기반 정치 커뮤니케이션은 정보의 불균형을 심화하고 정치적 양극화를 가속화할 위험이 있다. 또한 AI 기술의 불투명성으로 인해 유권자는 자신에게 전달되는 메시지의 출처와 의도를 정확히 파악하기 어려워진다 (Shorey & Howard, 2016). AI 알고리즘은 개인의 선호

도를 학습하여 맞춤형 콘텐츠를 제공하지만, 이는 '필터 버블(Filter Bubble)'과 '에코 챔버(Echo Chamber)' 현상을 심화한다. 시민들이 자신의 기존 신념을 강화하는 정보만을 접하게 되면, 다양한 관점에 대한 노출이 줄어들고 정치적 양극화가 심화된다. 특히 소셜미디어 플랫폼의 추천 알고리즘은 사용자 참여를 극대화하기 위해 감정적이고 논란이 되는 콘텐츠를 우선 노출하는 경향이 있다. 이는 정치적 대화의 질을 떨어뜨리고, 극단적인 의견이 과대 대표되는 결과를 낳을 수 있다.

AI가 정치 커뮤니케이션에서 긍정적 효과를 극대화하고 부정적 영향을 최소화하기 위해서는 기술의 윤리적 사용을 위한 명확한 기준 설정이 필요하다. AI 정치 메시지의 투명성을 높이고, 사용된 데이터와 알고리즘의 공개를 법적으로 보장하는 방안이 요구된다. 몇몇 연구 결과들은 디지털 정치 커뮤니케이션이 직접적 효과보다는 대인 커뮤니케이션과 정치 효능감을 매개로 한 간접 효과가 더 중요함을 보여 준다(김은이, 2013; 송경재 외, 2016). 이는 AI 기술의 도입에서도 단순한 기술적 접근보다는 사회적 맥락과 인간의 상호작용을 고려한 통합적 접근이 필요함을 시사한다. 또한 정치 커뮤니케이션의 수용자인 시민들의 미디어 리터러시 교육을 강화하여 비판적 이해 능력을 높이는 것이 중요하다. 특히 한국적 맥락에서는 앞서 언급했던 포털 사이트와 메신저 앱의 영향력, 연령대별 미디어 이용 패턴의 차이, 정치적 양극화 등을 고려한 세분화된 전략이 필요하다.

참고문헌

김은이(2013). "온라인과 SNS 사용이 정치참여에 미치는 효과: 대인간 대화와 정치 효능감을 매개 변수로". 《정치커뮤니케이션 연구》, 31, 31~62쪽.

송경재 외(2016). "SNS는 정치를 어떻게 변화하는가?: 정치정보 신뢰, 지지의 전환 및 참여 효능감을 중심으로". 《한국콘텐츠학회논문지》, 16(7), 154~167쪽.

Bimber, B.(2014). Digital media in the Obama campaigns of 2008 and 2012: Adaptation to the personalized political communication environment. *Journal of Information Technology & Politics, 11*(2), pp.130~150.

Kreiss, D. & McGregor, S. C.(2018). Technology firms shape political communication: The work of Microsoft, Facebook, Twitter, and Google with campaigns during the 2016 U.S. presidential cycle. *Political Communication, 35*(2), pp.155~177.

Mayer, H. et al.(2025). Superagency in the workplace: Empowering people to unlock AI's full potential. McKinsey & Company.

OpenAI(2024.10.9.). An update on disrupting deceptive uses of AI. *Influence and cyber operations: an update.*

https://openai.com/global-affairs/an-update-on-disrupting-deceptive-uses-of-ai/
Shorey, S. & Howard, P. N.(2016). Automation, big data and politics: A research review. *International Journal of Communication, 10*, pp.5032~5055.
Tong, A. & Coster, H.(2023.12.16). Meet Ashley, the world's first AI-powered political campaign caller. Reuters.

02
AI 기술 발전과 정치 메시지의 변화

정치 메시지의 개인화, 자동화, 정보 신뢰성 문제를 중심으로 AI가 만들어 낸 정치 커뮤니케이션의 구조적 전환을 살펴본다.

노래하는 AI 보컬?

정치 메시지의 개인화

빅데이터와 AI 기술은 유권자의 관심과 행동을 예측하여 정치 메시지를 개별적으로 맞춤 제작할 수 있도록 만들었다. 이러한 기술이 선거 과정에도 영향을 미치게 되면서 '선거 시큐리티(Election Security)'가 지금까지의 물리적인 사이버 공격에 대한 보안을 넘어서 유권자의 투표 행태에 영향을 미치는 요인들로부터의 예방이라는 적극적 의미로 사용되고 있다(고선규 · 이재훈, 2020). 예를 들어 2016년 미국 대통령 선거에서 트럼프 캠페인은 유권자의 소셜미디어 활동 데이터를 분석하여 개인 맞춤형 메시지를 제작하여 표심을 효과적으로 공략했다. 2022년 한국 대선에서 AI 기술은 주로 실시간 여론 분석과 플랫폼별 콘텐츠 최적화에 활용되었다. 각 캠프는 유튜브(YouTube), 인스타그램(Instagram), 틱톡(TikTok) 등 각 플랫폼 특성에 맞는 자동화된 콘텐츠 생성을 시도했다. 2024년 인도 총선에서는 AI 기반 딥페이크 기술이 광범위하게 활용되어 후보자들이 다양한 지역 언어로 유권자들에게 직접 말하는 것처럼 보이는 영상이 제작되었다(Shukla & Schneier, 2024). 이는 정치 캠페인의 효율성을 크게 높였지만, 동시에 진위성과 투명성에 대한 우려를 촉발했다. 기술 기업들이 정치 커뮤니케이션에 미치는 영향은 이미 2016년 미국 대선에서도 확인된 바 있다(Kreiss & McGregor, 2018).

개인화된 메시지 전략은 설득력을 높이는 데 효과적이었지만, 동시에 유권자들에게 편향된 정보만을 제공해 정치적 양극화를 심화하는 부작용도 초래했다. 특히 AI가 자동으로 생성한 정치 메시지의 진위를 유권자가 스스로 판단하기 어려워지면서, 민주주의의 근간을 흔들 수 있다는 우려가 커지고 있다. AI 알고리즘이 과거의 검색 기록과 클릭 데이터를 바탕으로 정치 메시지를 반복적으로 노출할 경우, 유권자는 자신과 동일한 견해만을 접하게 되고, 결국 에코 챔버 효과에 빠질 가능성이 높아진다. 최신 AI 기술은 단순히 인구통계학적 정보를 넘어, 개인의 감정 상태나 심리적 성향까지 분석해 메시지를 최적화할 수 있다. 예컨대 소셜미디어 게시물의 언어 스타일, 이모티콘 사용 빈도, 게시 시간대 등 다양한 요소를 종합 분석해, 개인의 정치적 성향은 물론, 설득에 가장 취약한 시점까지 파악할 수 있게 되었다.

AI를 활용한 메시지 전달은 이러한 과정에서 핵심적인 역할을 한다. 유권자들의 메시지 반응을 실시간으로 분석한 뒤, 같은 정책이라도 각자의 가치관과 관심사에 맞게 다르게 표현된 메시지를 전달하는 것이다. 예를 들어 경제 정책을 설명할 때, 한 유권자에게는 '일자리 창출'이라는 관점으로, 또 다른 유권자에게는 '사회 안전망 강화'라는 측면으로 강조하는 식이다. 그뿐만 아니라 AI는 각 소셜미디어 플랫폼의 특성에 맞춰 콘텐츠를 자동으로 최적화하는 기능도 수행한다. 예컨대 페이스북에서는 장문 중심의 설명형 콘텐츠가, 인스타그램에서는 시각적인 인포그래픽이, 틱톡에서는 짧고 강렬한 동영상이 더 효과적이라는 점을 학습한 AI가 이를 자동으로 변환해 배포한다.

AI가 바꾸는 정치 메시지 생성 메커니즘

자연어 처리 기반의 LLM은 단기간 내 수천 개의 정치 메시지를 자동으로 생성·배포할 수 있다. 이 기술은 정치인이 개입하지 않고도 특정 이슈에 대해 유권자 성향별로 다른 메시지를 발송하게 하여, 전통적 메시지 생산의 속도와 범위를 압도한다. 최근에는 텍스트뿐만 아니라 이미지, 음성, 영상을 통합적으로 처리하는 멀티모달 AI가 정치 커뮤니케이션에 변화를 일으키고 있다. 이러한 기술은 언어 장벽을 허물고 더 많은 유권자에게 다가갈 수 있는 긍정적 측면이 있지만, 동시에 조작과 허위 정보 확산의 위험도 증가한다. 특히 딥페이크 기술과 결합될 경우, 실제로 일어나지 않은 사건이나 발언을 진짜처럼 만들어 낼 수 있어 선거의 공정성을 심각하게 위협한다.

이제는 유권자의 실시간 반응에 따라 메시지를 즉각적으로 수정하는 것이 가능해졌다. 이메일 열람률, 링크 클릭률, 소셜미디어 반응 등을 실시간으로 분석하여 A/B 테스트(실험군과 대조군을 임의로 지정해 수행하는 비교 실험을 지칭)를 자동화하고, 가장 효과적인 메시지 버전을 선택하여 확산한다. 하지만 이러한 자동화는 비의도적 오류, 정치적 편향, 허위 정보의 무분별한 확산 위험을 동반하며, 이는 선거 과정의 공정성에도 영향을 미칠 수 있다. 이러한 AI 기반 메시지 생성 기술은 진위가 불확실한 메시지의 유통 가능성을 높인다. 특히 딥페이크 기술을 이용하면 정치인의 음성이나 영상까지 정교하게 조작할 수 있어 신뢰성 위기를 초래할 가능성이 크다. 예를 들어 유럽에서 AI로 만들어진 정치인의 가짜 영상이 여론에 혼란을 일으킨 사건이 발생한 바 있다(Schwartz, 2018). 이는 AI 기술이 진보하면서 정치적 커뮤니케이션의 진위를 판단하는 것이 얼마나 어려워졌는지를 보여 주는 상징적인 사건이었다.

딥페이크 탐지 기술도 함께 발전하고 있지만, 생성 기술의 빠른 진보를 따라잡기에는 여전히 한계가 있다.

2024년 현재, 가장 최신의 딥페이크 탐지 알고리즘도 정확도가 약 85~90% 수준에 머물고 있으며, 특히 영상이 압축되거나 소셜미디어에서 재인코딩된 경우에는 탐지 성능이 크게 저하된다. 더욱 심각한 문제는 '라이어스 디비던드(Liar's Dividend)' 현상이다. 이는 실제 영상이나 음성 자료가 존재하더라도, 누군가 이를 딥페이크라고 주장하면서 사실을 부인할 수 있는 여지를 의미한다. 이런 현상은 정치적 책임을 회피하는 수단이 되어 진실을 밝히는 과정을 더욱 복잡하게 만들고, 민주주의의 근간에도 위협이 된다.

민주주의적 대응 방안

AI가 생성한 메시지가 선거 과정에서 활용될 경우, 메시지의 출처와 생성 기술을 명시하는 제도적 장치가 필수다. 유럽연합은 '디지털서비스법(DSA)'을 도입해 메시지에 AI 생성 여부를 명시하도록 하였으며, 한국은 2024년 12월 통과된 'AI 기본법'을 통해 아시아 최초로 포괄적인 AI 규제 체계를 마련했다. 이 법은 고영향 AI 시스템에 대한 의무적 영향 평가, 생성형 AI의 투명성 요구사항, AI 생성 콘텐츠의 명시적 표시 의무 등을 포함하고 있다. 그러나 기술 발전 속도에 비해 제도적 대응은 여전히 미진하다.

아이러니하게도 AI가 생성한 콘텐츠를 탐지하는 데 가장 효과적인 도구 역시 AI다. 오픈AI, 앤트로픽(Anthropic) 등 주요 AI 기업들은 자사의 모델이 생성한 텍스트를 탐지할 수 있는 도구를 개발하고 있으나 이러한 탐지 도구들도 한계가 있다. 특히 여러 AI 모델을 조합하여 생성하거나, 인간이 부분적으로 수정한 콘텐츠의 경우 탐지가 어렵다. 또한 탐지 회피 기술도 동시에 발전하고 있어, 창과 방패의 경쟁이 진행 중이다.

AI 기술의 발전은 정치 커뮤니케이션 영역에 근본적인 변화를 가져 오고 있다. 개인화된 메시지 전략, 자동화된 콘텐츠 생성, 딥페이크 기술의 활용 등은 정치 캠페인의 효율성을 높이는 동시에 민주주의의 근간을 위협하는 양날의 검으로 작용한다. 한국의 경우, AI 기본법 제정과 공직선거법 개정을 통해 제도적 대응 체계를 마련했지만, 기술 발전 속도에 비해 사회적 대응은 여전히 부족한 상황이다. 특히 한국 연구들이 공통으로 지적하는 것은 미디어 리터러시 교육의 체계적 확산이 시급하다는 점이다(임완철, 2025; 정현선 외, 2016; 한희경, 2019).

궁극적으로는 단순한 기술 활용 교육을 넘어서 비판

적 사고와 정보 검증 능력을 기르는 교육이 필요하며, 이는 모든 교육 과정에 통합적으로 반영되어야 한다. 또한 딥페이크와 같은 신기술에 대한 국민적 이해도를 높이고, 정치적 악용을 방지하기 위한 접근이 요구된다. AI 시대의 정치 커뮤니케이션은 기술과 제도, 교육이 조화를 이루어야만 건전한 민주주의 발전에 기여할 수 있다. 이를 위해서는 지속적인 연구와 정책 개발, 그리고 시민사회의 적극적 참여가 필수다. 이는 단순한 기술 규제만으로는 해결할 수 없는 민주주의적 역량의 문제이기도 하다.

참고문헌

고선규 · 이재훈(2020). "딥 페이크와 선거 시큐리티: 국가와 글로벌 플랫폼 기업 간 갈등을 중심으로". 《분쟁해결연구》, 18(1), 99~127쪽.

임완철(2025). "추천 알고리즘 시대의 비판적 사고, 리터러시, 팩트체킹의 한계에 대한 비판적 고찰". 《교육비평》, (57), 100~144쪽.

정현선 외(2016). "핵심역량 중심의 미디어 리터러시 교육 내용 체계화 연구". 《학습자중심교과교육연구》, 16(11), 211~238쪽.

한희경(2019). "디지털 리터러시 교육실태 분석과 교육과정 연계 방안 연구". 세종특별자치시교육원 교육정책연구소.

European Commission(2021). Proposal for a regulation laying

down harmonised rules on Artificial Intelligence(Artificial Intelligence Act).

Kreiss, D. & McGregor, S. C.(2018). Technology firms shape political communication: The work of Microsoft, Facebook, Twitter, and Google with campaigns during the 2016 U.S. presidential cycle. *Political Communication, 35*(2), pp.155~177.

Ribble, M.(2015). *Digital citizenship in schools*. International Society for Technology in Education.

Schwartz, O.(2018). You thought fake news was bad? Deep fakes are where truth goes to die. The Guardian.

Shorey, S. & Howard, P. N.(2016). Automation, big data and politics: A research review. *International Journal of Communication, 10,* pp.5032~5055.

Shukla, V. & Schneier, B.(2024). Indian election was awash in deepfakes–but AI was a net positive for democracy. The Conversation.

03
마이크로 타기팅과 AI

마이크로 타기팅과 AI의 기술적 구조, 대표 활용 사례, 윤리적 논쟁, 제도적 대응 방안을 중심으로 분석한다.

인공지능과 편향?

마이크로 타기팅의 원리와 발전

정치 커뮤니케이션에서 '정밀한 설득'이 가능해진 배경에는 마이크로 타기팅(Micro-Targeting) 기법과 AI의 결합이 자리하고 있다. 이러한 기술적 융합은 기술 혁신을 넘어 민주주의의 작동 원리 자체를 재고하게 만드는 패러다임의 전환을 의미한다. 한국에서도 2012년 이후 소셜미디어와 빅데이터를 활용한 정치 캠페인이 본격화되면서, 이 기술들이 가져오는 기회와 위험이 동시에 부각되고 있다.

마이크로 타기팅은 유권자의 온라인 행태, 성향, 관심사를 분석해 그에 최적화된 정치 메시지를 전달하는 기술로, AI 기술의 도입 이후 더욱 고도화되었다. 유권자 개개인의 데이터를 기반으로 정치 메시지를 세분화하여 정교하게 제공하는 기법으로 AI의 분석 능력에 초점을 맞춘다. 수많은 데이터 포인트를 통해 당신이 누구인지 파악하고, 그에 맞는 메시지 전략을 수립하는 것이 핵심이다. 그러나 실제 캠페인 현장에서는 언론이 묘사하는 것만큼 정밀하거나 혁신적이지 않은 경우가 많으며, 데이터 기반 캠페인의 수사(Rhetoric)와 실제 캠페인 관행 사이에는 상당한 간극이 존재한다(Baldwin-Philippi, 2017). 대표 사례로는 2016년 미국 대선에서 케임브리지 애널리티카(Cambridge Analytica)가 페이스북 데이터를 기반으로 심리통계학적 프로파일을 구축하여 마이크로 타기팅 전략을 수립한 것이다(Cadwalladr & Graham-Harrison, 2018). 이 마이크로 타기팅 전략의 핵심은 트럼프 지지자, 부동층, 힐러리 클린턴 지지자를 구분한 후, 트럼프 지지자와 부동층에게는 유인책을 그리고 클린턴 지지자에게는 부정적 이미지를 페이스북을 비롯하여 구글, 유튜브, 트위터, 스냅챗 등에 전달했다. 예를 들어 트럼프 지지자에게는 트럼프의 열렬한 지지 영상 또는 투표소에 관한 정보를 제공했고, 부동층에게는 트럼프 지지 영상과 클린턴 부정 영상을 유튜브를 통해 노출했다(Lewis & Hilder 2018). 이 전략은 마이크로 타기팅이 얼마나 강력하고 동시에 위험한 기술인지 명확히 보여 준 사례로 꼽힌다.

우리나라에서도 최근 정치 캠페인에서 AI를 활용한 유권자 분석과 메시지 전략이 점차 보편화되는 추세다. 카카오톡의 4820만 월간 활성 사용자 데이터(2024년 기준)와 네이버의 약 50%의 검색 시장 점유율(2025년 기준)은 정치 캠페인에서 AI 기반 마이크로 타기팅의 핵심 자원이 되고 있다. 이는 정치 캠페인의 효율성을 높이지만 동시에 개인 정보 활용과 같은 윤리적 문제가 제기된다. 우리나라의 경우, 마이크로 타기팅의 시작은 2012년 '첫 SNS 선거'로 거슬러 올라간다. 당시 새누리당 대선 캠프 외곽 조직은 '트위터 포 안드로이드(Twitter for Android)' 매크로 프로그램을 통해 2866개 계정을 동원했으며, 민주당도 트윗덱(TweetDeck)을 활용한 자동 리트윗 시스템을 운영했다(KBS, 2018). 2017년 드루킹 사건은 한국에서 소셜미디어를 통한 여론 조작의 실상을 드러냈다. 김동원(드루킹)은 '경인선'이라는 온라인 커뮤니티를 관리하며 구성원들을 조직적으로 동원하여 문재인 후보를 지지하는 댓글을 게시하도록 했고, 안철수 후보가 여론 조사에서 문재인을 앞서기 시작하자 안철수에 대한 부정적 여론을 확산하는 캠페인을 전개했다. 이는 한국 정치사에서 소셜미디어를 이용한 조직적 여론 조작의 대표적 사례로 기록되었다. 2025년 6월 대선에서도 댓글 조작 사례는 여전히 발생했다. 한 단체는 특정 대선 후보를 위해 조직적으로 댓글을 조작한 의혹을 받고 있다.

정밀한 설득의 윤리적 쟁점

마이크로 타기팅은 민주적 참여 확대와 민주적 숙의 저해라는 이중적 성격을 갖는다. 긍정적 측면에서는 정치 무관심층에게 맞춤형 정보를 제공하여 참여를 유도하고, 복잡한 정책을 개인화된 방식으로 설명함으로써 정치적 이해도를 높일 수 있다. 또한 소외 계층을 위한 접근성 개선 도구로 활용될 잠재력을 갖는다. 그러나 부정적 측면에서는 확증 편향 강화로 인한 정치적 극화, 정보 불평등과 디지털 격차 심화, 조작적 설득을 통한 개인 자율성 침해 등의 문제를 야기할 수 있다.

케임브리지 애널리티카 사례에서 볼 수 있듯이, 명시적으로 동의하지 않은 개인 데이터 정보를 사용하여 구축한 프로그램이 마이크로 타기팅에 사용되었다는 것이 주요 이슈다. 마이크로 타기팅이 유권자 설득에 효과적인 전략으로 알려져 있지만, 개인 정보 보안 관련해서 유권자는 자신에 대한 정보가 언제, 누구에게, 어느 범위까지 알려지고 이용되는가를 스스로 결정할 수 있어야 하며, 이에 대한 동의와 비동의를 결정할 수 있어야 하는 것이 핵심 사항이다(중앙선거관리위원회, 2022).

정치 메시지가 유권자 개개인의 감정, 두려움, 편견에 맞춰 설계될 경우, 합리적 판단보다는 감정적 반응에 기초한 편향된 정치 행동을 유도할 가능성이 있다. 이러한 메시지는 토론보다 확신을, 사실보다 정서를 강조하며, 결과적으로 정치 양극화와 집단 간 갈등을 심화한다. 선스타인(Sunstein, 2017)은 인터넷이 정치적 분열과 양극화, 심지어 극단주의를 조장하고 있으며, 소셜미디어 기업들이 사용자들을 유사한 생각을 가진 집단으로 분류하고 에코 챔버를 만들어 민주적 숙의에 필요한 공유된 경험과 이해를 위협한다고 경고했다. 또한 온라인 정치 마이크로 타기팅은 유권자 개인의 심리적 취약성과 정치 성향을 분석하여 맞춤형 메시지를 제공하지만, 공론장의 단절을 초래할 수 있다는 점에서 민주주의적 가치와 충돌할 위험이 크다(Zuiderveen Borgesius et al., 2018). 이러한 딜레마 해결을 위해서는 투명한 타기팅 체계 구축이 필요하다. 구체적으로는 타기팅 기준의 공개 의무화, 유권자의 알고리즘 거부권 보장, 다양성 지수를 통한 정보 균형 확보 등의 방안이 모색되어야 한다.

마이크로 타기팅의 미래와 대응

AI 기반 마이크로 타기팅은 정치 커뮤니케이션의 패러다임을 근본적으로 변화하게 만든다. 이는 기술적 혁신을 넘어 민주주의 작동 원리 자체에 대한 재고를 요구한다. 중요한 것은 기술의 발전을 막는 것이 아니라, 민주적 가치와 양립할 수 있는 방향으로 발전시키는 것이다. 이를 위해서는 민주주의의 핵심 가치들을 보호하고 증진할 수 있는 기술 활용 방안을 기반으로 한 체계적 접근과 한국적 맥락을 고려한 균형 잡힌 규제 체계가 필요하다.

먼저 알고리즘의 투명성이 확보되어야 한다. 정치 목적으로 사용되는 AI 알고리즘의 기본 원리와 작동 방식이 공개되어야 하며, 어떤 데이터가 어떤 방식으로 활용되는지에 대한 정보가 제공되어야 한다. 또한 AI 기반으로 전달되는 모든 정치적 메시지에는 명확한 라벨링이 필요하다. 여기서 핵심은 수신자들이 자신에게 전달되는 정치적 메시지의 성격과 목적, 그리고 선택 기준을 명확히 알 수 있어야 한다는 것이다. 특히 개인의 심리적, 정서적 취약점을 악용하는 조작적 기법들은 엄격히 금지되어야 한다. 한국은 2024년 12월에 AI 기본법을 통과시키며 정치적 마이크로 타기팅에 대한 규제 틀을 마련했다. 앞으로 AI의 정치적 활용을 둘러싼 규제와 감독은 더욱 중요해질 것이다. 이처럼 마이크로 타기팅의 투명성을 확보하고, 알고리즘의 설명 책임을 강화하는 문제는 향후 주요 정책 과제로 부상하고 있다.

정책 차원의 대응과 더불어 시민의 대응 역량을 키우는 것도 중요하다. 유권자 스스로 마이크로 타기팅 메시지의 목적과 작동 방식에 대해 이해하고, 정제되지 않은 정보에 비판적으로 접근할 수 있어야 한다. 이를 위해 디지털 시민성과 AI 리터러시를 중심으로 한 시민 교육이 제도화되어야 하며, 특히 선거 직전에는 특정 유형의 메시지에 대한 경고와 설명이 함께 제공되어야 한다. 마이크로 타기팅과 AI 기술의 결합은 정치 커뮤니케이션에 큰 변화를 가져왔지만, 동시에 민주주의의 핵심 원리를 위협하는 요소로 작용할 가능성도 있다. 한국 내 연구들은 이 기술이 갖는 복합적인 영향을 잘 보여 준다(민영, 2008; 송경재 외, 2016). 기술 발전을 수용하되, 민주적 가치를 지키기 위해서는 투명성 확보, 알고리즘 설명 책임 강화, 시민 교육 확대 등 다각도의 접근이 필요하다. 미디어에 대한 신뢰도와 정치 참여 간의 관계를 고려할 때, 마이크로 타기팅 기술의 투명성과 신뢰성 확보는 더욱 중요한 과제가 된다. 무엇보다도 중요한 것은 기술의 진보와 민주주의 가치를 조화롭게 연결 짓는 것이다. 이를 통해 더욱 건강한 정치 담론 문화를 형성해 나가야 하며, 지속적인 연구와 정책적 노력을 통해 마이크로 타기팅 기술이 민주주의 발전에 기여하도록 방향을 설정해 나가야 한다.

참고문헌

민영(2008). "온 · 오프라인 뉴스미디어 이용, 대인 커뮤니케이션, 그리고 정치 참여: 제18대 국회의원 총선거를 중심으로". 《의정연구》, 14(2), 143~172쪽.

송경재 외(2016). "SNS는 정치를 어떻게 변화시키는가?: 정치정보 신뢰, 지지의 전환 및 참여 효능감을 중심으로". 《한국콘텐츠학회논문지》, 16(7), 154~167쪽.

중앙선거관리위원회(2022). "인공지능기술 발전에 따른 선거운동 제도개선 방안 연구: 딥페이크, 메타버스, 빅데이터 활용 선거운동을 중심으로". 2022년도 중앙선거관리위원회 연구용역 보고서.

한국방송공사(KBS)(2018.8.13). "2012년 대선, 여야 모두 여론조작 확인". https://news.kbs.co.kr/news/pc/view/view.do?ncd=4023818

Baldwin-Philippi, J.(2017). The myths of data-driven campaigning. *Political Communication, 34*(4), pp.627~633.

Cadwalladr, C. & Graham-Harrison, E.(2018). Revealed: 50 million Facebook profiles harvested for Cambridge Analytica in major data breach. The Guardian.

European Commission(2021). Proposal for a regulation of the european parliament and of the council on the transparency and targeting of political advertising. https://eur-lex.europa.eu/legal-content/EN/TXT/?uri=celex:52021PC0731

Lewis, P. & Hilder, P.(2018.3.23). Leaked: Cambridge Analytica's blueprint for Trump victory. The Guardian.

Sunstein, C. R.(2017). *#Republic: Divided democracy in the age* *of social media*. Princeton University Press.

Zuiderveen Borgesius, F. J. et al.(2018). Online political microtargeting: Promises and threats for democracy. *Utrecht Law Review, 14*(1), pp.82~96. https://doi.org/10.18352/ulr.420

04
딥페이크와 가짜 뉴스

딥페이크와 가짜 뉴스의 기술적 원리와 주요 사례를 분석하고, 민주주의에 미치는 위협과 이에 대한 국내외 대응 전략을 살펴본다.

청각장애인과 AI?

딥페이크와 가짜 뉴스의 등장 배경

딥페이크는 AI의 생성 능력 중에서도 모방과 위조에 특화된 기술이다. 전에 없던 새로운 것을 만드는 것이 아니라, 실제 존재하는 것을 정교하게 복제하여 조작하는 것이 특징이다. 특히 딥페이크 기술은 이제 전문가도 식별이 어려울 만큼 정교해졌으며, 만약 이 기술이 공직 선거에 악용된다면 국가의 근본을 위협할 심각한 범죄로 이어질 가능성이 크다(조원용, 2022). 딥페이크와 가짜 뉴스는 단순한 기술적 문제를 넘어서 민주주의의 핵심 가치인 정보의 투명성과 신뢰성을 근본적으로 위협하고 있다. 2020년 4월, 국회의원 선거가 마무리된 이후에도 여전히 최대 화두는 가짜 뉴스였다. 이후 실시된 선거는 물론 2025년 6월 대선에서도 가짜 뉴스는 활발하게 유통되었다. 이미 2016년 미국 대통령 선거에서 가짜 뉴스는 세계적으로 주목을 받았다. 이러한 현상은 정치 참여와 민주주의를 왜곡하는 결과를 낳는다(고선규 · 이재훈, 2020).

AI 기술의 발전은 정보의 생산과 유통 방식에 근본적 변화를 초래하면서, 동시에 딥페이크와 가짜 뉴스라는 새로운 위협을 낳았다. 이들 기술은 정치적 의도를 가진 정보 조작의 핵심 도구로 활용되며, 특히 선거 시기에는 여론 왜곡과 후보자 비방에 사용된다. 딥페이크는 초기에는 주로 엔터테인먼트와 유머 콘텐츠 제작에 활용되었으나, 최근 들어서는 정치적인 목적의 왜곡된 콘텐츠로 빠르게 확산하고 있다. 특히 딥러닝 기반의 생성형 모델들이 급격히 발전하면서 AI가 만든 합성 음성이 사람의 실제 음성과 거의 구분이 되지 않을 정도로 정교해졌고, 이를 활용한 다양한 음성 생성 서비스들도 속속 등장했다(홍기훈, 2024).

2018년, 버락 오바마 전 미국 대통령이 하지 않은 발언을 실제처럼 편집한 딥페이크 영상이 유포되어 큰 사회적 파장을 일으켰다. 이 영상은 유튜브와 트위터를 통해 확산되었고, 콘텐츠 제작자가 이를 실험 목적이라고 밝혔음에도 상당수 시청자는 영상 내용을 실제로 받아들였다. 2025년 미국 플로리다 주지사 선거에서는 경쟁 정치행동위원회(PAC)가 생성형 AI를 이용해 특정 후보자가 참전 용사를 비난하는 듯한 가짜 영상을 배포했고, 해당 후보는 지지율 급락과 함께 정치적 타격을 입었다. 이는 딥페이크가 선거 결과에 실제 영향을 줄 수 있음을 보여 주는 대표적 사례다.

딥페이크와 가짜 뉴스의 정치적 함의

딥페이크와 가짜 뉴스는 시민들의 정치적 판단을 흐리고 불신을 조장하여 민주주의의 기본 토대를 약화한다. 특히 선거 기간에는 후보자의 신뢰성을 심각하게 훼손하거나 여론을 왜곡할 가능성이 높다(오세욱 외, 2024; 조원용, 2022). AI 생성 콘텐츠는 빠른 확산력과 현실감을 동반하므로, 일반 시민이 이를 판별하기는 점점 더 어려워지고 있다. 이는 민주주의의 핵심 기반인 정보 접근의 공정성과 투명성을 심각하게 훼손한다. 특정 후보에게 유리하거나 불리한 내용을 담고 있는 딥페이크 콘텐츠는 주로 틱톡, 유튜브 쇼츠(YouTube Shorts) 등 짧은 동영상 플랫폼을 통해 급속히 확산되었으며, 특히 20~30대 유권자층에서 높은 조회 수를 기록한다.

딥페이크는 '진짜 같은 가짜'를 만드는 기술로, 한 번의 유포로도 돌이킬 수 없는 피해를 줄 수 있는 폭발적 위험성을 갖는다. 2024년 이후 이 기술은 더욱 정교해졌으며, 이제는 실시간으로 딥페이크를 생성할 수 있을 정도로 발전해 라이브 방송이나 화상 회의에서도 신원 위조가 가능해졌다. 실제로 2024년 홍콩에서 발생한 금융 사기 사건에서는 딥페이크로 변조된 재무 담당 본부장(CFO)이 화상 회의를 통해 직원을 속여 2560만 달러를 가로채는 일이 발생했다. 이는 딥페이크가 단순한 정치적 도구를 넘어 경제 범죄에까지 악용될 수 있다는 사실을 보여 준다. 음성 딥페이크 기술도 빠르게 발전하고 있다. 2024년 미국 뉴햄프셔 민주당 예비 선거에서는 유권자들에게 투표를 하지 말라는 내용의 AI가 만든 조 바이든 대통령 음성을 담은 로보콜이 발송되어, 선거 개입 시도로 큰 논란이 일었다. 한국에서도 유사한 음성 딥페이크를 이용한 선거 개입 시도가 적발된 바 있다. 하지만 이러한 선거 관련 불법 딥페이크 영상물은 여전히 계속해서 제작되고 유포되고 있다. 중앙선거관리위원회에 따르면, 2025년 4월 4일부터 5월 20일까지 한국인터넷자율정책기구(KISO) 등에 삭제를 요청한 딥페이크 영상물이 4114건에 달했다고 밝혔다. 지난 2024년 총선(1월 29일~4월 10일)에서도 전체 기간 삭제 요청 건수는 388건으로 10배에 달했다(중앙선거관리위원회, 2025). 이미 현실적으로 AI 기반 허위 콘텐츠가 활발하게 유통되고 있다는 것이다.

챗GPT, 클로드(Claude) 등 LLM의 등장으로 가짜 뉴스 생성은 더욱 쉬워졌다. 이들 AI는 사실적인 뉴스 기사를 수초 내에 생성할 수 있으며, 특정 정치적 성향이나 논조를 반영하도록 조작할 수 있다. 가짜 뉴스는 인간이 작성한 것보다 더 설득력 있고 감정적 호소력이 강하다. 특히 우려되는 것은 '하이브리드 가짜 뉴스'의 등장이다. 이는 일부 사실에 허위 정보를 교묘하게 섞어 만든 콘텐츠로, 팩트체킹을 더욱 어렵게 만든다.

AI 기반 정보 조작이 증가하면서 기존의 언론과 미디어는 팩트체크와 같은 신뢰성 검증 역할을 더 중요하게 맡아야 한다. AI는 비디오 분석과 딥페이크 탐지에도 활용되어 캠페인이 커뮤니케이션의 무결성과 진정성을 유지할 수 있도록 돕고 있다. 가짜 뉴스와 딥페이크에 대응하기 위해 언론은 단순 정보 제공 기능을 넘어 '진위 검증자(Gatekeeper)'의 역할을 수행해야 한다. 특히 AI 기반 딥페이크 탐지 기술, 비디오 포렌식 분석, 실시간 팩트체킹 시스템의 도입이 언론사 차원에서 요구되고 있다.

정보 조작에 대한 대응 전략

정보 조작에 대응하기 위해 기술적 접근도 중요하다. AI 기반의 딥페이크 탐지 알고리즘과 같은 기술적 도구가 연구되고 있으며, 주요 소셜미디어 플랫폼은 허위 정보 필터링 시스템을 지속적으로 개발 중이다. 딥페이크 탐지 기술은 AI를 이용해 조작된 영상의 픽셀 왜곡,

입 모양 불일치, 프레임 간 비연속성 등을 분석하는 방식으로 발전하고 있다. 예를 들어 메타(Meta)와 구글은 AI가 제작한 이미지와 영상을 식별하기 위한 '워터마킹(Watermarking) 기술'을 공동 개발 중이며, 이 기술은 콘텐츠 출처 추적과 진위 검증에 활용된다. 국내의 경우 텔레그램 딥페이크 음란물 유포 사건 이후 딥페이크 방지 및 처벌 강화, 피해자 보호를 위한 법안이 통과되었고, 민간과 별개로 정부 주도의 딥페이크 탐지 기술 개발을 지원하고 있다(김태원, 2024). 한국의 연구 기관들도 딥페이크 탐지 기술 개발에 적극적으로 나섰다. 이러한 시스템은 얼굴의 미세한 움직임, 눈 깜빡임 패턴, 음성과 입 모양의 동기화 등을 분석하여 조작 여부를 판별한다. 네이버와 카카오도 자체 딥페이크 탐지 시스템을 개발하여 플랫폼 내 유통되는 콘텐츠를 모니터링하고 있다.

한국은 2023년 12월 공직선거법이 개정되면서 딥페이크를 이용한 선거 운동을 규제했다. 공직선거법 제82조의 8에 따르면 누구든지 선거일 전 90일부터는 선거운동을 위하여 AI 기술 등을 이용하여 만든 실제와 구분하기 어려운 가상의 음향, 이미지 또는 영상 등을 제작 · 편집 · 유포 · 상영 또는 게시할 수 없다고 규정했다. 이를 위반하면 7년 이하 징역 또는 1천만 원 이상 5천만 원

이하의 벌금에 처해진다. 2025년 6월 3일 실시된 제21대 대선 관련해서 중앙선관위는 딥페이크 영상을 제작·게시한 유튜브 채널 운영자 등을 수사 기관에 고발한 바 있다(중앙선거관리위원회, 2025).

미국은 최소 13개 주에서 '선거일 전 최소 60일간 딥페이크 콘텐츠 유포 전면 금지' 등의 법안을 추진하고 있다. 유럽연합은 세계 최초로 AI 규제법을 제정했는데, 이 법안의 핵심은 AI 활용 분야를 '허용할 수 없는 위험', '높은 위험', '제한된 위험', '낮은 위험' 등 총 4단계의 등급으로 나눠 차등 규제한다. 선거에 악용될 수 있는 생성형 AI와 딥페이크 등에 대한 규제는 '제한된 위험' 수준에 포함되어 선거 위협을 규제할 예정이다. 마지막으로 핀란드는 규제보다는 미디어 리터러시 교육, 선거 캠페인 등 역량 강화에 집중하고 있다.

딥페이크와 가짜 뉴스는 국경을 초월하는 문제이기 때문에 국제적 협력이 필수다. 2024년 뮌헨안보회의에서 구글, 메타, 마이크로소프트(Microsoft), 오픈AI 등 주요 기술 기업들이 선거 관련 AI 악용 방지를 위한 자발적 협약을 체결했다. 이 협약은 AI 생성 콘텐츠의 탐지와 라벨링 방법을 개요하고 있지만, 딥페이크 삭제나 금지를 의무화하지는 않아 상징적 수준에 머문다는 국내외 언론의 비판도 있다.

참고문헌

김태원(2024). “AI 일상화 시대의 위협, 딥페이크 대응 방안”. 《The AI Report》 2024-13. 한국지능정보사회진흥원.

오세욱 외(2024). ‘딥페이크 허위정보 대응을 위한 연구“. 연구보고서 자체연구. 한국언론진흥재단.

조원용(2022). “공직선거에서 딥페이크(Deepfake) 악용에 대한 입법적 대응의 필요성: 후보자의 정체성 정의와 미국 입법 사례를 중심으로”. 《공법연구》, 50(3), 153~187쪽.

중앙선거관리위원회(2025.5.29). “중앙선관위, 제21대 대선 딥페이크 영상 이용 선거운동 첫 고발”. 중앙선관위 보도자료.

홍기훈(2024). “딥페이크 음성의 위협 및 대응 연구 동향”. 《정보보호학회논문지》, 34(6), 1567~1577쪽.

Chesney, R. & Citron, D. K.(2019). Deepfakes and the new disinformation war: The coming age of post-truth geopolitics. *Foreign Affairs, 98*(1), pp.147~155.

Vaccari, C. & Chadwick, A.(2020). Deepfakes and disinformation: Exploring the impact of synthetic political video on deception, uncertainty, and trust in news. *Social Media + Society, 6*(1).

05

AI 봇의 정치 활용

AI 봇의 작동 방식과 정치적 활용 사례, 민주주의에 대한 위협, 그리고 대응 전략을 체계적으로 분석한다.

AI 콘텐츠 크리에이터?

AI 봇과 정치적 여론 형성

AI 기술의 보급과 함께 자동화된 계정인 'AI 봇'은 정치 커뮤니케이션의 새로운 변수로 부상하고 있다. 이러한 봇은 소셜미디어에서 특정 정치 메시지를 반복적으로 노출하며 여론을 인위적으로 조성하는 데 사용된다. AI 봇은 AI의 상호작용 능력을 기반으로 하며, 인간과 유사한 대화를 나누는 듯 보이지만, 실제로는 사전에 설정된 목적에 따라 작동하는 자동화 시스템이다. 특히 선거 기간에는 후보에 대한 지지 또는 반대 여론을 조작하거나, 특정 이슈에 대한 감정적 반응을 증폭해서 공론장을 왜곡할 수 있다. 이처럼 AI 봇은 '대화하는 기계'로서 지속적이고 대규모의 허위 의견을 생산해 여론 환경을 심각하게 오염할 수 있는 잠재적인 위협이다.

AI 봇은 미리 학습된 알고리즘을 바탕으로 특정 주제에 대해 자동으로 트윗을 올리거나 댓글을 작성한다(Ferrara et al., 2016). 이들은 실시간 데이터 흐름을 감지하여, 특정 키워드나 해시태그를 중심으로 다수의 가짜 계정을 동원해 여론을 조작한다. 최신 AI 봇은 GPT 기반 텍스트 생성 모델을 활용해 사람과 비슷한 문체로 말할 수 있으며, 감정 분석 기능도 탑재되어 메시지 강도를 조절하는 등 점점 더 정교해지고 있다. 최근 생성형

AI 기술이 발전하면서 이를 악용한 온라인 여론 조작 우려가 커지고 있다. 예를 들어 오픈AI의 GPT-4o 모델은 댓글 하나를 생성하는 비용이 1원에 불과하며, 이는 하루 평균 20만 개 댓글을 생성하는 데 20만 원이면 충분하다는 것을 의미한다(한국과학기술원, 2025). 이는 여론 조작에 필요한 비용이 현저히 낮아졌음을 보여 준다. 2022년 이후에는 '적응형 봇(Adaptive bot)'도 등장하여, 실시간 반응에 따라 메시지를 수정하거나 사용자와 지속적으로 상호작용하는 기능까지 갖추고 있다. 이러한 기술적 발전은 AI 봇의 탐지를 어렵게 만들고 있으며, 일반 사용자들이 이를 구별하기 점점 더 힘들어지고 있다.

대표적인 사례로 2016년 미국 대선 당시 러시아 정보기관이 운영한 '인터넷 리서치 에이전시(IRA; Internet Research Agency)'가 수천 개의 AI 봇 계정을 활용하여 친트럼프 및 반힐러리 메시지를 확산한 사건이 있다(Bessi & Ferrara, 2016). 이들은 인종 갈등, 이민자 문제, 경찰 폭력 등 사회적 이슈에 대한 양극화된 메시지를 대량으로 퍼뜨려 여론을 극단화했다.

한국에서는 2000년대 초부터 사이버 공간을 통한 정치적 의사소통과 여론 형성이 활발히 이루어졌다. 정보통신기술의 발전은 시민 간 정치적 의사소통, 조직화 및 집단행동을 확대했고, 이는 공론장의 재활성화 가능성을 넓혔다(장우영, 2006). 그러나 동시에 인터넷 공간에서 조직적인 여론 조작 시도도 지속적으로 발생했다. 2002년 노무현 대통령 당선 당시 인터넷의 정치적 영향력이 주목받은 이후, 정치 세력들은 온라인 공간의 중요성을 인식하게 되었고, '댓글 알바'라는 표현이 등장하며 조직적인 여론 조작이 사회적 문제로 부각되었다. 특히 2012년 대선을 전후로 국가 기관에 의한 조직적인 온라인 여론 개입 사건이 밝혀지면서, 자동화 도구를 이용한 대규모 댓글 조작의 실상이 드러났다. 이러한 사건은 민주주의 원칙에 대한 중대한 도전으로 간주되었고, 관련 법령 정비와 감시 체계 강화를 촉진했다.

2017년에는 개인 주도의 대규모 온라인 여론 조작 사건도 발생했는데, 매크로 프로그램을 이용한 댓글 순위 조작과 정치적 여론 왜곡의 정교함이 사회적 이슈로 부상했다. 이 사건들은 모두 법원에서 불법으로 판단되어 관련자들이 형사처벌을 받았다. 최근에는 생성형 AI 기술의 발전과 함께 더욱 정교해진 형태의 AI 봇 활용이 우려되고 있다.

AI 봇의 활용이 민주주의에 미치는 영향

AI 봇은 특정 의견을 반복적이고 집중적으로 노출해서 실제보다 과장된 여론처럼 보이게 만든다. 다시 말해 특정 의견을 인위적으로 확산해서 실제 여론인 것처럼 인식하게 만들어 시민들의 인식을 왜곡한다. 이는 대중이 자신의 의견이 다수라고 믿게 하는 '합의 환상(Pluralistic Ignorance)'을 유도하고, 결과적으로 특정 성향의 정치 참여를 강화하거나 억제하는 효과를 낳는다. 정치적 양극화를 부추기는 감정적 콘텐츠, 혐오 표현, 왜곡된 통계자료 등이 봇을 통해 반복적으로 유포될 경우, 공적 담론은 갈등 중심으로 재편되고 이성적 논의는 약화된다. 이로 인해 정치적 양극화가 심화하고, 건전한 민주적 토론이 저해될 위험이 있다.

AI 봇의 존재가 계속해서 드러남에 따라, 일반 시민들은 소셜미디어에 나타나는 정치 정보 전반에 대해 불신을 갖게 된다. AI 봇이 지속적으로 여론 형성에 개입하면서, 시민들이 온라인 정치 정보 자체를 신뢰하지 않게 되어 정치 참여 의지가 약화될 수 있다. 특히 진실과 거짓을 구분하기 어려운 상황이 자주 발생하면서 민주주의 공론장에 대한 신뢰 자체가 손상되고 있다(Bessi & Ferrara, 2016). 어떤 메시지가 실제 유권자의 의견인지,

혹은 조작된 것인지 판별하기 힘든 환경은 정보 전체에 대한 불신으로 이어지고, 이는 정치적 무관심이나 냉소주의를 더욱 증폭한다. 이는 단순히 기술적 문제를 넘어 민주주의의 근본적 가치와 원칙에 대한 도전이라 할 수 있다. 특히 생성형 AI 기술이 발전함에 따라 AI 봇과 실제 사용자의 구분이 어려운 수준에 도달하고 있어, 시민들이 진짜 여론과 조작된 여론을 식별하는 일이 점점 더 어려워지고 있다.

최근 한국의 여론 조사에서도 시민들이 소셜미디어 정치 정보에 대해 신뢰하지 않는 경향이 뚜렷하게 나타났다. 이는 AI 봇과 허위 정보의 확산이 시민들의 정보 신뢰도에 깊은 영향을 미치고 있다는 점을 보여 준다. 특히 젊은 세대는 정치 관련 온라인 토론 참여를 꺼리는 성향이 강해지고 있어, 디지털 공론장의 위기를 반영한다.

AI 봇을 통한 여론 조작 대응 전략

소셜미디어 플랫폼에서는 AI 기반의 봇 탐지 기술이 더욱 정교하게 발전해야 할 필요가 있다. 현재 소셜미디어 기업들은 AI를 활용해 이상 활동을 보이는 계정을 식별하고, 봇 계정의 확산을 막기 위한 알고리즘을 개발하고 있다(Ferrara et al., 2016). 트위터(현 X), 페이스북, 유튜브 등 주요 플랫폼들은 비정상적인 행동 패턴, 빈번한 발화, 다양한 IP 사용 여부 등을 기준으로 자동으로 계정을 탐지하고 차단하는 시스템을 운영 중이다. 최근에는 '봇 디엔에이(Bot DNA)' 분석 기술이 도입되면서, 계정 생성 이후의 전체 행동 이력을 토대로 자동 판단이 가능해졌다. 메타(Meta)는 2025년부터 콘텐츠가 AI에 의해 생성된 것임을 사용자에게 알리는 'AI 제너레이티드 액티비티(AI-Generated Activity)' 표시 기능을 도입했으며, 오픈AI와 마이크로소프트도 함께 봇 탐지 알고리즘을 공동 개발 중이다.

국내 플랫폼들도 이에 발맞춰 적극 대응하고 있다. 네이버는 2024년부터 'AI 봇 헌터' 시스템을 가동해, 댓글 작성 방식, 활동 시간대, IP 주소 등의 데이터를 분석하고 봇 계정을 식별한다. 2024년 한 해 동안 수십만 개의 의심 계정을 탐지했고, 그중 상당수를 실제 봇으로 확인해 차단했다. 카카오도 비슷한 시스템을 운영하며, 카카오톡 오픈채팅방에서 활동하는 정치 선전 봇들을 대규모로 제거했다. 특히 선거 기간에는 24시간 실시간 모니터링 체제를 가동해, 봇 활동을 즉각적으로 차단한 것으로 알려져 있다.

이에 따라 전 세계적으로 AI 규제 움직임이 매우 활발하게 이루어지고 있다. 비록 'AI 봇'에 특화된 규제는 제한적이지만, AI 시스템 전반에 대한 규제가 급속히 확산되고 있으며, 이는 챗봇과 같은 AI 봇들도 포함된다. 유럽연합에서는 인공지능법(AI Act)에서 투명성을 핵심 가치로 '챗봇'이라는 용어를 직접 사용하지는 않지만, '자연인과 직접 상호작용하는 AI 시스템'이라는 포괄적 표현으로 사용하며 기능적으로 제한적 위험(Limited Risk), 기술적으로 범용 AI(GPAI, General-Purpose AI) 시스템으로 분류하여 사용자가 AI와 상호작용하고 있다는 사실을 명확히 알 권리를 보장해야 한다고 제시한다(Future of Life Institute, 2025). 미국에서는 연방 차원에서 AI 봇에 대한 포괄적 규제는 없으며, 일부 주에서만 봇 사용 시 공개 의무를 부과하고 있다. 미국 연방통신위(FCC)는 방송 매체의 정치 광고에만 AI 사용 여부를 공지하도록 하고 있으며, 미국 연방선거위(FEC)는 새로운 규제 없이 현행법으로 충분하다는 입장이다. 한국 역시 인공지능기본법에 직접적으로 명시하지는 않으나, 하위 법령이나 지침으로 정치적인 목적으로 AI 봇을 운영할 경우, 그 사실을 명확히 밝히도록 하고 이를 위반할 시에는 강력한 처벌이 이뤄질 수 있도록 하는 방안이 논의되고 있다. 위반 시 과태료 등 행정 처분 외에도 시정 명령,

중지 명령 등의 조치가 가능하며 향후 구체적인 처벌 수위와 신고 체계는 시행령과 하위 법령에서 확정될 전망이다.

AI 봇은 민주주의의 공적인 토론 공간에 심각한 위협을 가한다(Woolley & Howard, 2018). 이러한 문제에 대응하기 위해서는 기술적, 법적, 교육적 측면을 아우르는 종합적인 접근이 필요하다. 단순히 봇을 찾아내고 차단하는 수준을 넘어서, 시민들이 비판적 사고력을 갖추고 건강한 디지털 공론장을 스스로 만들어 갈 수 있도록 하는 것이 중요하다. AI 봇의 정치적 활용은 기술 발전이 가져온 어두운 이면 중 하나다. 그러나 적절한 정책 대응과 시민의 경각심을 통해 그 위협을 극복할 수 있다. 핵심은 기술의 발전 자체를 억제하는 것이 아니라, 그것이 민주주의를 더욱 굳건히 하는 데 활용되도록 방향을 설정하는 것이다. 이를 위해 정부, 기업, 시민 사회, 학계가 함께 힘을 모아야 한다.

참고문헌

손현주(2019). "인공지능 거버넌스와 민주주의의 미래". 《사회사상과 문화》, 22(2), 305~349쪽.

장우영(2006). "사이버공간의 이념과 정치: 한국 사이버공론장의 구조 변동". 《한국과 국제정치》, 22(4), 221~254쪽.

한국과학기술원(KAIST)(2025.6.25). "AI가 여론 조작? 한국어 'AI 생성 댓글' 탐지 기술 개발". 연구뉴스. https://researchnews.kaist.ac.kr/researchnews/html/news/?mode=V&mng_no=48130

Bessi, A. & Ferrara, E.(2016). Social bots distort the 2016 U.S. presidential election online discussion. *First Monday, 21(11-7).*

Ferrara, E. et al.(2016). The rise of social bots. *Communications of the ACM, 59*(7), pp.96~104.

Future of Life Institute.(2025). Article 50: Transparency Obligations for Providers and Deployers of Certain AI Systems. https://artificialintelligenceact.eu/article/50/

Woolley, S. C. & Howard, P. N.(2018). *Computational propaganda: Political parties, politicians, and political manipulation on social media.* Oxford University Press.

06
AI가 바꾸는 선거 캠페인 전략

주요 국가의 사례를 통해 AI가 선거 캠페인을 어떻게 변화하게 만드는지 분석하고, 이러한 변화가 민주주의에 미치는 영향을 살펴본다.

AI와 민주주의?

AI 기반 캠페인의 핵심 전략

AI는 유권자의 정치 성향, 지역, 관심 이슈, 소비 패턴, 소셜미디어 이용 행태 등을 종합하여 정교한 세분화를 가능하게 한다. 머신러닝 알고리즘은 이 데이터를 바탕으로 어떤 메시지가 어떤 유권자에게 효과적인지를 예측하고, 각 유권자에게 최적화된 메시지를 자동으로 생성한다. 크라이스(Kreiss, 2016)는 이러한 데이터 기반 캠페인이 단순한 기술의 발전이 아니라 정치 커뮤니케이션의 근본적인 변화를 의미한다고 지적했다. 이러한 변화는 선거 캠페인의 효율성을 크게 향상하는 동시에, 유권자 개인 정보의 활용과 관련된 윤리적 문제를 제기하고 있다. 2024년 제22대 국회의원 선거에서 당선된 300명의 국회의원 중 250명이 개인 유튜브 채널을 운영했으며, 이들이 소속된 8개 정당 모두 공식 유튜브 채널을 유지했다(최민영 외, 2024). 이는 AI 기반 디지털 플랫폼이 한국 정치 캠페인에서도 핵심 역할을 하고 있음을 보여 준다.

AI 기술은 정치 메시지의 생성과 배포 과정을 자동화하여 캠페인의 효율성을 크게 높이고 있다. 자연어 처리 기술을 활용한 메시지 생성, 이미지 및 영상 콘텐츠의 자동 제작, 소셜미디어 플랫폼에서의 최적화된 배포 전략

등이 주요 활용 영역이다. 우리나라의 2022년 대선에서는 AI 아바타 기술이 본격적으로 도입되었다. 이는 20시간의 오디오 비디오 데이터와 3000개 이상의 문장을 학습하여 생성된 디지털 아바타로, 700만 명의 웹사이트 방문자를 기록했다. 또한 AI 챗봇을 통한 24시간 정책 상담 서비스를 500만 건 이상 처리하는 등, AI 기술로 유권자와의 소통 방식이 혁신적으로 변화했다.

AI는 유권자의 반응을 SNS와 뉴스 댓글, 검색 트렌드 등에서 실시간으로 수집하여 캠페인 전략을 유동적으로 조정할 수 있게 한다. 예를 들어 특정 공약이 예상 외로 부정적 반응을 불러일으킬 경우, AI는 이를 빠르게 감지하고 해당 메시지를 비활성화하거나 수정된 메시지로 교체하도록 한다. 2024년 한국 총선에서는 실시간 AI 분석이 캠페인 전략의 핵심이 되었다. 주요 정당들은 AI 상황실을 운영하여 소셜미디어 반응, 뉴스 동향, 여론 조사 결과를 실시간으로 분석했다. 특정 이슈에 대한 부정적 반응이 감지되면 30분 이내에 대응 메시지를 생성하여 배포하는 시스템을 구축했다(최민영 외, 2024).

국제적 사례

미국은 빅데이터와 AI 기반 정치 커뮤니케이션을 선도

하고 있으며, 이러한 전략이 이미 오바마, 트럼프, 바이든 캠페인에서 적극적으로 활용되었다. 예를 들어 2012년 미국 대선에서 오바마 캠프는 공식 웹사이트 첫 화면에 이메일과 우편번호 입력란을 둬 가입을 유도하는 화면을 내보내면서 어떤 내용을 보여 줄지를 결정하는 A/B테스트를 실시했다. 이 A/B테스트는 오바마 캠프가 더 많은 선거자금을 모을 수 있도록 해 주는 데에서 결정적인 역할을 했다. 최근에는 데이터 마이닝(Data Mining) 기술과 AI의 결합으로 정밀한 유권자 타기팅이 가능해져 캠페인의 효율성이 크게 증대됐다.

유럽연합은 AI 활용과 개인 정보 보호 사이의 균형을 중시하는 정책적 접근을 취하고 있다. 이에 정치 광고의 투명성과 타기팅에 관한 규제를 제안했다(European Union, 2024). 이 규제는 디지털 시대의 모든 정치 광고에 적용되는 포괄적인 투명성 규정이지만, 타기팅 기법과 알고리즘 사용 여부, 자금 출처 공개 등에 관한 사항은 AI 기반 광고에 적용할 수 있다는 점은 눈여겨볼 사항이다. 유럽의 접근 방식은 AI 기술의 혜택을 최대화하면서도 민주주의의 기본 원칙과 시민의 권리를 보호하려는 노력을 보여 준다. 이는 AI 기반 선거 캠페인이 투명성과 책임성을 확보해야 한다는 중요한 시사점을 제공

한다. 독일의 경우, 2023년 바이에른주 선거에서 녹색당이 AI 기반 환경 정책 시뮬레이터를 활용해 유권자들에게 정책의 실제 영향을 보여 주는 혁신적인 캠페인을 펼쳤다. 프랑스에서는 2024년 유럽의회 선거를 앞두고 AI 생성 콘텐츠에 대한 라벨링 의무화가 시행되었다.

일본은 2023년 통일 지방 선거에서 AI 음성 합성 기술을 활용한 다국어 선거 방송을 실시했다. 특히 고령 유권자를 대상으로 한 AI 기반 정책 설명 서비스가 호응을 얻었다. 호주는 2022년 연방 선거에서 AI를 활용한 팩트체킹 시스템을 도입했다. 선거관리위원회가 운영하는 이 시스템은 후보자들의 공약과 발언을 실시간으로 검증하여 유권자들에게 제공했다. 싱가포르는 2025년 총선을 앞두고 AI 기반 가상 타운홀 미팅을 실험하고 있다. 유권자들이 AI 아바타 형태의 후보자들과 실시간으로 정책 토론을 할 수 있는 플랫폼이다.

한국에서도 AI 기술을 활용한 데이터 분석이 선거 캠페인에 빠르게 도입되고 있다. 특히 최근 선거에서는 유권자 데이터를 분석하여 지역 및 연령대별로 세분화된 메시지 전략을 구사하는 사례가 증가했다. 하지만 개인정보 보호나 윤리적 사용에 대한 논의는 여전히 미흡한 상태다. 2024년 4월 실시된 제22대 국회의원 선거는 AI

기술이 지방 선거 캠페인에까지 확산된 분수령이었다. 주요 정당뿐만 아니라 개별 후보들도 AI 도구를 적극 활용했다. 특히 유튜브를 중심으로 한 AI 생성 콘텐츠가 폭발적으로 증가했다(최민영 외, 2024).

AI 기반 캠페인의 장단점과 대응 과제

AI 기반의 선거 캠페인은 정밀한 타기팅과 실시간 대응을 통해 유권자의 관심과 참여를 높이는 효과가 있다. 이로 인해 투표율 증가와 정치적 참여 확대의 긍정적 효과를 기대할 수 있다. 특히 AI 기술은 개인의 관심사와 필요에 맞춘 정보 제공에 매우 효과적이다. 이러한 원리가 정치 캠페인에 적용될 때, 유권자들은 자신의 관심사와 밀접한 정책 정보를 보다 쉽게 접할 수 있게 된다. AI는 시민의 정치적 참여 확대, 디지털 자유주의의 확산, 인간 능력의 향상을 통해 인간 자유의 영역을 넓히는 긍정적 잠재력을 지니고 있으며, 이는 민주주의의 성장을 이끄는 중요한 가능성을 시사한다.

하지만 AI가 만들어 내는 정치 메시지는 투명성이 떨어지고, 알고리즘 편향이나 허위 정보 생성 가능성 등 여러 문제를 내포한다. 캠페인마다 AI 기술 도입 수준이 다를 경우, 선거 경쟁 환경에 불균형을 초래할 수 있으며,

경제력이 높은 캠프가 우위를 점하는 등 전략 격차가 심화될 우려도 존재한다. 특히 생성형 AI는 선거 캠페인에서 '고위험 시스템'으로 인식되어야 하며, 조작된 개인화 콘텐츠는 공적 책임의 규범을 벗어날 가능성이 크다(송진순, 2024). 이는 AI 기술의 민주적 활용을 위한 규제 체계 마련이 시급함을 시사한다.

따라서 AI 기술이 선거에 긍정적인 영향을 미치기 위해서는 관련 법제와 윤리 기준의 설정이 필수다. AI 활용의 투명성을 보장할 수 있는 국제적인 법적 틀과 함께 유권자의 미디어 리터러시를 강화하는 교육 정책도 병행되어야 한다. 또한 AI 거버넌스는 현대 대의 민주주의의 문제를 극복하고, 시민들이 정치에 적극적으로 참여해 민주주의를 복원할 것인지, 아니면 데이터 엘리트에 의해 디지털 전체주의로 흐를지를 가르는 갈림길에 있다(손현주, 2019). 이를 위해서는 다양한 이해 관계자가 참여해 균형 있는 거버넌스를 조율할 수 있는 구조가 필요하며(김길수, 2019), 알고리즘이 민주주의에 미치는 부정적 영향을 최소화하기 위해서는 설계부터 운영, 결과에 이르기까지 전 과정에서 투명성과 정보 공개가 확보되어야 한다. 즉 알고리즘 설계 표준 규격 수립, 데이터 활용 범위의 명확화, 개발 이후 성능 평가 및 결과 공개 등 법제화된 절차가 요구된다.

AI는 선거의 효율성과 접근성을 혁신적으로 개선할 수 있는 잠재력을 지니는 동시에, 민주주의의 핵심 가치에 위협이 될 수 있는 양면성을 가지고 있다. 기술 발전은 피할 수 없지만, 민주주의를 강화하는 방향으로 이끌어가는 것은 결국 사회의 선택에 달려 있다. 성공적인 AI 활용을 위해서는 기술, 규제, 교육이 균형 있게 발전해야 하며, 정부는 명확한 규제 프레임워크를 마련하고, 기업은 윤리적 기술 개발에 집중하며, 시민 사회는 감시와 참여를 통해 건전한 AI 선거 문화를 조성해야 한다.

특히 한국은 높은 디지털 활용률과 민주주의 경험을 바탕으로 AI 시대에 새로운 민주주의 모델을 제시할 수 있는 잠재력을 갖추고 있다. 2022년 대선, 2024년 총선, 2025년 대선을 통해 축적된 경험은 향후 더 성숙한 AI 활용으로 이어질 것으로 기대된다. AI가 민주주의를 위협하는 수단이 아닌, 시민의 정치 참여를 넓히고 합리적 선택을 돕는 도구로 기능하도록 하는 것이 우리 시대의 과제다. 이를 위해 기술 개발자, 정책 입안자, 정치인, 시민 모두가 함께 협력해야 한다. AI 시대의 민주주의는 단순한 기술 문제가 아니라 우리가 공동으로 만들어 가야 할 사회적 프로젝트다.

참고문헌

김길수(2019). "인공지능 거버넌스에 관한 탐색적 연구". 《한국자치행정학보》, 33(2), 219~236쪽.

김진원 외(2023). "AI 기반 맞춤형 논문 추천 시스템 개발 및 적용 사례 연구: K 대학을 중심으로". 《교육정보미디어연구》, 29(3), 705~730쪽.

손현주(2019). "인공지능 거버넌스와 민주주의의 미래". 《사회사상과 문화》, 22(2), 305~349쪽.

송진순(2024). "AI Act, 2024 대선 그리고 허위정보에 맞서는 인간과 AI의 공공소통 검증 프로젝트". 《지능정보연구》, 30(3), 137~159쪽.

조소영(2020). "인공지능과 민주주의". 《공법연구》, 49(2), 147~167쪽.

최민영 외(2024). "유튜브를 활용한 정당 및 국회의원의 선거 캠페인 연구: 2024년 제 22대 국회의원 총선을 중심으로". 《정치커뮤니케이션연구》, 74, 107~154쪽.

European Union(2024). Regulation (EU) 2024/900 of the European Parliament and of the Council of 13 March 2024 on the transparency and targeting of political advertising. https://eur-lex.europa.eu/eli/reg/2024/900/oj/eng

Kreiss, D.(2016). *Prototype politics: Technology-intensive campaigning and the data of democracy*. Oxford University Press.

07
AI 기반 정치 광고의 부상

AI 기반 정치 광고가 어떻게 작동하는지, 주요 국가들의 활용 사례와 이로 인한 윤리적 논쟁을 살펴본다.

AI와 애니메이션?

AI 기반 정치 광고의 타기팅 전략

AI는 방대한 데이터를 바탕으로 유권자 개개인의 관심사와 정치적 성향을 정밀하게 분석하고, 그에 맞춰 개인화된 정치 광고를 제작한다(Kreiss & McGregor, 2019). 디지털 정치 광고 회사들은 정치 컨설턴트처럼 작동하며, 정치 캠페인 메시지의 방향을 결정하는 데 영향을 미친다(Barrett, 2021). AI 기반 정치 광고는 사용자 데이터와 행동 패턴을 분석해 가장 효과적으로 메시지를 전달할 수 있도록 광고 내용을 정교하게 최적화한다. 핵심은 마이크로 타기팅을 통해 어떤 사람에게 어떤 형식의 메시지를 언제 전달할지를 자동으로 결정하고 실행하는 점이다. 이 과정에서 알고리즘은 정치 광고의 배포 방식 전반을 형성하는 데 핵심 역할을 한다.

AI가 정치적 양극화를 촉진할 수 있는 메커니즘에 주목한 연구(Acemoglu et al., 2025)에 따르면, 유권자는 '정교한(Sophisticated)' 사용자와 '순진한(Naive)' 사용자로 나뉘며, 특히 순진한 사용자는 정치 광고를 사실로 받아들이고 그에 따라 행동할 가능성이 높다. 이들을 타깃으로 한 AI 맞춤형 광고는 실제 투표 결정에 큰 영향을 끼치며, 플랫폼 입장에서는 이러한 광고가 주요 수익원이 된다. 정당 간 경쟁이 치열할수록 광고 수요는 더욱 높아지고, 광고는 설득 도구가 아닌 승리를 위한 무기가 되어 버린다.

AI는 유권자의 연령, 지역, 검색 이력, 소셜미디어 활동, 심지어 감정 상태까지 분석하여, 그에 맞춘 정치 광고를 자동으로 생성할 수 있다. 예를 들어 중장년층에게는 경제 안정성과 가족 가치를 강조하는 메시지를, 청년층에게는 취업이나 주거 문제를 중심으로 한 콘텐츠를 노출하는 식이다. 이러한 방식은 설득력을 극대화하고 효율적인 캠페인을 가능하게 하지만, 동시에 유권자가 다양한 시각을 접할 기회를 줄이고 정치적 다양성을 약화할 수 있다. 더 나아가 AI는 광고의 성과를 실시간으로 분석하고, 그 결과에 따라 광고 전략을 자동으로 수정할 수 있어 선거 캠페인을 빠르고 유연하게 운영할 수 있게 만든다. 그러나 페이스북 정치 광고의 효과를 분석한 최근 실험 연구(Barrett & McGregor, 2025)에서는 설득력이나 행동 유도 측면 모두에서 뚜렷한 효과(Null Effect)를 입증하지 못했으며, 이런 광고들이 수프 광고보다 특별히 나은 결과를 보여 주지 않았다는 결론에 도달했다.

우리나라 역시 최근 디지털 정치 광고의 활용이 본격화되고 있다. 한국의 디지털 마케팅 분야에서는 웹 분석, 소셜 분석, 개인 맞춤형 고객 관계 관리(CRM), 자동화된 캠페인 실행, 실시간 캠페인 관리 등 다양한 기법이 실제 마케팅 성과에 영향을 미친다는 점이 실증적으로 밝혀졌다(이상호 · 김종배, 2012). 이러한 기법은 정치 광고 분야에도 그대로 적용될 가능성이 크다. 반면 국내에서 진행된 한 연구에서는 'AI 정치인' 딥페이크 광고의 영상 품질이 높을수록 오히려 정치인의 진정성이 낮게 인식되며, 이로 인해 메시지 신뢰도, 후보 호감도, 광고 검색 및 공유 의도가 모두 낮아지는 경향이 있다는 결과가 나왔다(장태영 · 이슬기, 2025). 이는 AI 기반 정치 광고의 효과에 대해 보다 신중하고 비판적인 시각이 필요하다는 점을 시사한다.

미국과 영국의 사례

미국은 정치 광고에 AI를 활용하는 데 있어 가장 앞선 시스템을 갖추고 있으며, 특히 구글, 메타, 유튜브와 같은 대형 플랫폼 기업들의 광고 인프라가 선거 캠페인 전략의 핵심 요소로 작용한다. 정치 마이크로 타기팅에 대한 연구는 페이스북에서 개인 맞춤형 광고가 유권자의 반응에 어떤 영향을 미치는지를 보여 준다. 특히 페이스북의 광고 배포 알고리즘은 광고주나 사용자들이 직접 제어할 수 없는 방식으로, 누가 어떤 정치 메시지를 보게

될지를 결정하는 권한을 사실상 행사하고 있으며, 이는 광고 알고리즘의 공정성과 책임성 문제를 야기한다(Ali et al., 2019).

2020년 미국 대선 당시 수집된 80만 건 이상의 광고와 260만 개 이상의 동영상을 분석한 연구에 따르면, 페이스북, 구글, 틱톡 등의 플랫폼은 정치 광고를 배포하거나 노출 범위를 조절하는 데 있어 투명성이 부족하다는 사실이 밝혀졌다(Papakyriakopoulos et al., 2022). 예컨대 광고주가 연령별 타기팅을 지정하지 않았더라도 광고가 특정 연령대에 집중해서 노출되는 등의 현상이 있었으며, 이러한 알고리즘의 작동 방식에 대한 구체적인 정보는 공개되지 않는다.

영국 역시 AI 기반 정치 광고를 주요 선거 전략으로 적극 활용하고 있다. 특히 브렉시트 국민 투표와 총선 과정에서 AI가 만든 맞춤형 광고가 폭넓게 사용되며 여론 형성에 큰 영향을 미쳤다. 반면 독일의 경우, 주요 정당들이 모두 온라인 광고 캠페인에 참여했지만, 개인화된 마이크로 타기팅 전략은 상대적으로 제한해서 사용되었다는 연구 결과도 있다(Serrano et al., 2020).

윤리적 논쟁과 대응 방안

AI 기반 정치 광고는 본질적으로 방대한 양의 개인 정보 분석에 의존하며, 많은 경우 유권자의 명시적 동의 없이 이루어진다. 정치 광고가 개인 맞춤형으로 설계될수록, 유권자들은 자신의 기존 신념과 유사한 정보만 접하게 되어 정치적 확증 편향이 심화될 수 있다. AI가 페이스북 등 소셜미디어에서 수집한 방대한 데이터를 바탕으로 세부 집단에 맞는 맞춤형 광고를 실행할 수는 있지만, 각 플랫폼은 고유한 구조적 편향과 정치적 극단화 가능성을 내포하고 있다(Kreiss & Barrett, 2019). 예컨대 페이스북의 광고 알고리즘이 성별이나 인종 등에서 편향을 보인다는 연구 결과가 있으며, 페이스북이 판단하기에 정치 정당의 메시지에 공감하지 않을 가능성이 있는 유권자에게 광고를 도달하는 데 더 많은 비용이 들도록 설계되어 있다는 점도 지적된다(Ali et al., 2021). 게다가 광고 조절 정책의 적용도 일관되지 않아, 동일한 광고라도 일부는 삭제되고 일부는 그대로 노출되는 사례도 발생한다(Papakyriakopoulos et al., 2022).

미국의 메타 플랫폼에서는 전체 정치 광고 중 약 90% 이상이 유권자 데이터를 기반으로 맞춤 타기팅되었지만, 그 출처나 처리 방식은 대부분 불투명했다. 이런 문제를 방지하려면 개인 데이터의 투명한 관리와 더불어 강력한 규제 기준 마련이 필수다. 현재와 같은 구조는 민주주의의 핵심인 공론장을 약화하고, 사회적 분열을 더욱 심화하는 결과를 초래한다. 특히 광고 알고리즘이 클릭률 중심으로 설계되어 있다면, 자극적이고 왜곡된 메시지가 더욱 많은 노출 기회를 얻는 구조가 고착화된다. 따라서 AI 기반 광고의 공정성과 투명성을 보장할 수 있는 법적 장치 마련이 시급하다. 이를 위해 연구자들은 플랫폼이 콘텐츠를 어떻게 배포하고, 정치 광고의 비용을 어떻게 산정하는지를 대중이 알 수 있도록 정보를 공개해야 한다고 주장하며, 인플루언서 홍보나 기타 유료 광고 형태를 포괄하는 정치 광고의 정의 역시 재정립되어야 한다고 제안한다(Papakyriakopoulos et al., 2022). 유럽연합은 2024년 3월 13일 '유럽연합규정[Regulation(EU)] 2024/900'을 채택해 정치 광고의 투명성과 타기팅에 대한 규제를 명시했다(European Union, 2024). 이 규정에 포함된 타기팅 기법과 알고리즘 사용 여부, 자금 출처 공개 등에 관한 사항은 AI 기반 정치 광고에 적용이 가능할 수 있다는 점에서 관련 입법 추이를 지켜볼 만하다.

AI 정치적 영향력은 단순한 기술 문제가 아니라, 플랫폼의 수익 모델과도 깊은 관련이 있다. 플랫폼이 민주주의를 왜곡하는 방식으로 작동하는 상황에서는 보다 근본적인 규제가 필요하다는 지적도 있다(Acemoglu et al., 2025). 이에 대한 대응책으로 몇 가지 정책을 제안한다. 첫 번째는 '소셜미디어 콘텐츠 다양성 의무화'다. 유권자들이 자신과 반대되는 견해의 콘텐츠에도 일정 비율 이상 노출되도록 하여, 필터 버블을 줄이고 사고의 균형을 도모하는 방식이다. 다만 이 과정에서 지나치게 반대 의견에 노출될 경우 거부감이 생기는 '역효과(Backfire Effect)'도 고려해야 한다. 두 번째는 디지털 광고의 투명성 강화다. 광고 알고리즘의 작동 원리와 메시지 출처를 공개하고, 광고임을 명확히 표시하도록 하여 시민들이 광고의 설득 전략을 인식하고 비판적으로 판단할 수 있도록 한다. 이를 위해 디지털 리터러시 교육도 함께 이루어져야 한다. 마지막으로 디지털 광고세(Ad Tax) 도입도 고려할 수 있다. 광고에 세금을 부과함으로써 플랫폼이 광고 중심 수익에서 벗어나 구독 기반 수익 모델로 전환하도록 유도하는 것이다. 이러한 방식은 광고 중심의 정치 커뮤니케이션 구조에서 벗어나기 위한 대안이 될 수 있다.

참고문헌

이상호 · 김종배(2012). "캠페인 실행에 영향을 미치는 디지털 마케팅 성과모형 연구". 《디지털콘텐츠학회논문지》, 13(2), 205~211쪽.

장태영 · 이슬기(2025). "'AI 정치인'에는 진정성이 느껴지는가? 메시지 소구 유형, 정치적 성향 일치 여부, 지각된 기술적 품질에 따른 딥페이크 활용 정치광고의 설득적 효과". 《한국방송학보》, 39(1), 233~281쪽.

Acemoglu, D. et al.(2025). AI and social media: A political economy perspective(No. w33892). National Bureau of Economic Research.

Ali, M. et al.(2019). Discrimination through optimization: How Facebook's ad delivery can lead to biased outcomes. *Proceedings of the ACM on Human-Computer Interaction, 3(CSCW)*, pp.1~30.

Ali, M., et al.(2021). Ad delivery algorithms: The hidden arbiters of political messaging. In Proceedings of the 14th ACM International Conference on Web Search and Data Mining (pp. 13-21).

Barrett, B.(2021). Commercial companies in party networks: Digital advertising firms in US elections from 2006~2016. *Political Communication, 39*(2), pp.147~165.

Barrett, B., & McGregor, S. C.(2025). No Better Than Soup? Comparing Null Experimental Effects of Political Facebook Ads Across Persuasive and Instrumental Measures of Effectiveness. Social Media+ Society, 11(1), 20563051251316117

European Union(2024). Regulation (EU) 2024/900 of the

European Parliament and of the Council of 13 March 2024 on the transparency and targeting of political advertising. https://eur-lex.europa.eu/eli/reg/2024/900/oj/eng

Kreiss, D. & McGregor, S. C.(2019). The "Arbiters of what our voters see": Facebook and Google's struggle with policy, process, and enforcement around political advertising. *Political Communication, 36*(4), pp.499~522.

Papakyriakopoulos, O. et al.(2022). How algorithms shape the distribution of political advertising: Case studies of Facebook, Google, and TikTok. *Proceedings of the 2022 AAAI/ACM Conference on AI, Ethics, and Society*, pp.532~546.

Serrano, J. C. M. et al.(2020). Exploring political ad libraries for online advertising transparency: Lessons from Germany and the 2019 European elections. *International Conference on Social Media and Society*, pp.111~121.

08
민주주의 위협과 AI 규제

AI가 민주주의에 미치는 위협 요소를 분석하고,
이에 대응하기 위한 각국의 규제 현황과
효과적인 대응 방안을 모색한다.

AI와 인재 채용?

AI가 민주주의에 미치는 위협

AI가 정치 커뮤니케이션에서 점점 더 큰 역할을 하게 되면서, 민주주의의 핵심 원칙과 제도적 안정성에 대한 우려가 커지고 있다. 특히 AI는 방대한 데이터를 이용해 여론을 조작하거나 정보를 왜곡할 수 있으며, 이를 기반으로 한 가짜 뉴스나 딥페이크는 신뢰할 수 없는 정보 환경을 조성해 민주주의를 위협한다. AI 기술이 더욱 정교해지면서 이런 위험이 현실이 되고 있다. 실제로 유권자들이 딥페이크에 영향을 받아 특정 후보나 정당에 대해 투표하거나 투표를 포기하는 경우가 발생할 수 있다는 우려도 나온다(오일석, 2024). AI가 정치 활동을 수동적으로 만들고, 딥페이크나 마이크로 마케팅을 통해 탈진실 시대를 가속화하면서 여론 형성과 선거 과정 자체를 왜곡하는 사례가 늘고 있다. 또한 '알고리즘 민주주의'는 데이터 중심의 정치 구조로 변화하며, 민주주의의 핵심 가치인 자율성을 훼손하고 정치인의 역할을 축소한다(손현주, 2019). 더욱이 AI 알고리즘은 자극적이고 극단적인 콘텐츠를 추천해 사용자들의 주의를 조작하고, 사회적 갈등과 혐오를 부추길 수 있다. 이는 이성적 토론과 숙의 민주주의를 해치고, 결국 권위주의적 정치 공간으로 이어진다(한겨레, 2025.6.25).

AI는 데이터를 분석하고 콘텐츠를 자동으로 만들어 정치적 목적에 따라 여론을 조작할 수 있는 수단이 되기도 한다. 한 연구에 따르면 생성형 AI는 사실적이고 감정적으로 자극적인 콘텐츠를 자동으로 생산함으로써 가짜 뉴스의 양과 설득력을 크게 높일 수 있다(김헌재, 2024). 이는 사실을 기반으로 한 공적 담론을 어렵게 만들고, 민주적 의사 결정을 방해하는 요인이 된다. 특히 이러한 AI 기술은 권위주의 정권이나 비국가 행위자들이 사회 불안을 조장하거나 선거에 개입하는 데 활용될 수 있다. 이는 민주주의 국가의 안정성과 정당성 자체를 위협하는 중대한 문제다(오일석, 2024). AI는 다양한 데이터를 기반으로 개인의 성향을 분석하고, 익명화된 정보까지 다시 식별할 수 있어 감시 사회의 위험을 높인다. 특히 정치 성향과 같은 민감한 정보까지 추론해 활용되며, 시민의 사생활 침해와 권력 남용 가능성이 커지고 있다(홍석한, 2022). AI 기반 타깃 메시지는 유권자의 심리를 정밀하게 분석해 설계되며, 이 과정에서 동의 없이 수집된 데이터가 사용되는 경우도 많다. 정치 메시지가 개인의 심리적 약점을 노려 설계된다면, 유권자의 자율적 판단을 왜곡할 수 있다. 이처럼 개인 정보의 남용은 민주적 의사 결정의 근간인 시민의 자율성을 심각하게 해치는 문제다.

AI의 영향력은 특히 소셜미디어의 콘텐츠 추천 시스템에서 두드러진다. 플랫폼은 사용자 참여를 높이고 광고 수익을 극대화하기 위해, 개인의 정치 성향과 관심사에 맞춰 콘텐츠를 자동으로 골라 보여 준다. 이러한 방식은 사용자들이 자신과 유사한 의견을 가진 사람들과만 소통하게 만들고, 필터 버블 현상을 낳는다. 이 현상은 정보의 편향을 넘어 정치적 양극화로 이어진다. 특히 콘텐츠의 신뢰도가 낮을수록, 플랫폼은 더욱 폐쇄적인 연결 구조를 선택하는 경향이 있다. 왜냐하면 자극적이거나 불확실한 정보가 정치적으로 다른 성향의 사용자에게 노출될 경우, 허위 정보로 신고할 가능성이 높아지기 때문이다. 반대로 비슷한 성향의 사용자들끼리는 이런 정보가 큰 저항 없이 확산된다. 결국 극단적인 정치 성향을 가진 사람들은 더욱 극단적인 정보를 반복적으로 접하게 되고, 그들의 믿음은 점점 더 강해진다. 반면 중도 성향의 사용자들은 이 네트워크에서 점차 배제되고, 정치적 논의에서 소외된다. 정치적 중도층이 약화하면서 정당은 점점 더 극단적인 지지층에 의존하고, 급진적인 정책을 내세우는 경향이 강해진다. 그 결과 정치 갈등은 더욱 심화하고 사회는 더 깊게 분열한다.

AI 규제 현황과 대응 전략

유럽연합은 2024년 인공지능법(AIA, Artificial Intelligence Act)을 제정하면서 전 세계에서 가장 처음으로 포괄적이고 체계적인 AI 규제 틀을 마련했다. 이 법은 AI 시스템이 시민의 건강, 안전, 기본권, 그리고 민주주의에 미치는 위험 수준에 따라 허용할 수 없는 위험(Unacceptable Risk), 고위험, 저위험, 최소 위험으로 나누고, 그 등급에 따라 규제 강도를 달리 적용한다. 특히 '허용할 수 없는 위험'으로 분류된 AI 시스템은 전면 사용이 금지되며, 선거, 법 집행, 인권 침해 등 민주주의와 밀접한 관련이 있는 고위험 AI는 매우 엄격한 심사와 관리를 받아야 한다. 이를 위반하면 글로벌 매출의 최대 6% 또는 424억 원 상당의 벌금이 부과될 수 있다. 이 외에도 AI 시스템의 투명성, 설명 가능성, 데이터 품질, 인권 보호 등이 핵심 규제 기준으로 포함된다(라기원 외, 2024; 한국지능정보사회진흥원, 2024).

미국은 별도의 AI 기본법을 만들기보다는 행정 명령을 통해 각 분야의 법률로 보완하는 방식을 취하고 있다. 규제 방식에서도 모든 영역을 수평적, 포괄적으로 규제하는 방식보다는 다양한 입법 영역을 강화하는 방식의 규제를 수행한다(라기원 외, 2024). 하지만 최근 AI의 정치 활용 사례가 늘면서 연방 차원의 보다 엄격한 규제가 필요하다는 요구가 커지고 있다. 실제로 2024년에는 여러 주에서 AI를 이용한 딥페이크 선거 캠페인을 금지하는 법안을 통과했다. 특히 캘리포니아주는 선거 기간 동안 AI로 제작된 정치 광고에 워터마크를 의무화하는 실질적인 규제를 시행 중이다(한국지능정보사회진흥원, 2024). 법 위반 시 선거관리위원회가 시정 명령, 민사상 제재 등 강제력을 행사할 수 있으며, 이는 미국 내에서 가장 강력한 AI 딥페이크 선거 규제 중 하나로 평가받는다.

영국은 2023년 'AI 규제 백서'를 발간하여 AI 규제의 방향을 제시하였고, 2024년에는 다양한 기관의 의견을 반영한 '정부답변서'를 통해 규제 방향을 구체화했다. 유럽연합과 달리 영국은 포괄적이고 강력한 단일 AI 법률보다는, 기존의 데이터 보호법, 인권법, 경쟁법 등을 활용해 AI의 윤리적 · 사회적 영향을 통제한다. 영국의 규제는 위험성에 따라 유연하면서도 실질적인 접근을 취하며, 산업계와 시민 사회의 의견을 적극 수렴하는 것이 특징이다(한국지능정보사회진흥원, 2024).

한국에서도 AI 기반 정치 메시지와 가짜 뉴스에 대응하기 위한 법적 장치를 준비해 왔다. 2024년 12월 26일

통과된 '인공지능 발전과 신뢰기반조성 등에 관한 기본법(AI 기본법)'은 아시아에서 처음으로 포괄적 AI 규제를 명시한 법으로 주목받는다. 이 법은 고영향 AI 시스템 지정과 영향 평가 의무화, 생성형 AI의 투명성 요건, AI 안전성 기준과 인증 체계, 대통령 직속 국가 AI위원회 설치, 피해 구제 절차 등을 포함한다. 특히 선거 관련 AI는 '고영향 AI'로 분류되어 강화된 규제를 받는다.

AI 규제의 방향

정치 커뮤니케이션이 디지털화되면서, 민주주의의 핵심인 정보의 신뢰성과 시민의 비판적 사고가 위협받고 있다. 동시에 시민 참여 확대와 정치 정보의 접근성 개선 등 긍정적 기능도 가진다. 이를 해결하려면 체계적이고 선제적인 대응이 필요하다. 알고리즘이 민주주의에 미치는 위협을 줄이기 위해서는 알고리즘의 설계와 운용 전 과정에서 투명성과 정보 공개가 필수다(조소영, 2020). AI의 정치적 활용에서 가장 중요한 원칙은 '투명성'이다. AI가 어떻게 작동하며 어떤 데이터를 바탕으로 움직이는지 시민에게 명확히 공개해야 신뢰를 얻을 수 있다. 이에 따라 한국도 알고리즘 공개 제도 도입을 추진 중이다. 특히 정치적 맥락에서 AI를 사용할 경우, 데이터 출처, 알고리즘 작동 원리, 타기팅 기준, 잠재적 편향과 한계를 공개해야 한다는 요구가 커지고 있다.

AI는 국경을 넘는 기술인 만큼, 한 나라의 규제로는 한계가 있다. 따라서 경제협력개발기구(OECD), 유네스코, 유럽연합 등 국제기구 중심으로 정치 분야에서의 AI 사용에 대한 원칙과 가이드를 공유하고, 플랫폼 기업에 대한 공동 대응 체계를 마련해야 한다. 민주주의를 기술로만 보호하려는 접근에는 한계가 있으며, 규제만으로는 부족하다. 딥페이크 제작을 법으로 금지할 수는 있지만, 시민이 그것을 식별하지 못하면 여전히 퍼질 수 있다. 따라서 시민이 AI 기술을 이해하고 정치 커뮤니케이션의 변화를 비판적으로 인식할 수 있도록 교육하는 것이 매우 중요하다. 결국 AI 시대의 중심은 여전히 시민이며, 알고리즘 운용 전반에 걸친 투명성과 정보 공개의 기준을 마련하는 주체도 시민이어야 한다. 규제가 실제 효과를 가지려면 시민 참여가 필수며, 시민이 AI를 이해하고 정책 결정에 참여할 때 비로소 실질적인 규제 효과를 기대할 수 있다.

참고문헌

김헌재(2024). "생성형 AI가 가짜뉴스의 확산에 미치는 영향 연구".

《한국디자인리서치》, 9(2), 420~429쪽.
라기원 외(2024). "AI 활용과 대응을 위한 입법분야 조사 연구". 연구보고 세부과제 24-20-4. 한국법제연구원.
손현주(2019). "인공지능 거버넌스와 민주주의의 미래". 《사회사상과 문화》, 22(2), 305~349쪽.
오일석(2024). "딥페이크(Deep Fake)에 의한 민주적 정당성의 왜곡과 대응 방안". 《INSS 전략보고》. 국가안보전략연구원.
조소영(2020). "인공지능과 민주주의". 《공법연구》, 49(2), 147~167쪽.
한겨레(2025. 6. 25). "AI 알고리즘, 민주주의 위협하는 브레인 해킹". https://www.hani.co.kr/arti/economy/economy_general/1204656.html
한국지능정보사회진흥원(2024). "해외 주요국의 AI 규제 거버넌스 현황과 시사점".
홍석한(2022). "민주주의에 대한 인공지능의 위험과 규범적 대응 방안". 《헌법학연구》, 28(1), 127~159쪽.

09
미디어 리터러시와 디지털 시민성

미디어 리터러시(Media Literacy)와 디지털 시민성(Digital Citizenship)은 AI 시대 민주주의의 지속 가능성을 지탱하는 핵심적인 시민 역량으로 부상하고 있다.

AI와 기자?

정치 커뮤니케이션 환경 변화와 시민 역량

현대 정치 커뮤니케이션은 AI, 알고리즘 기반 콘텐츠 배포, 소셜미디어 플랫폼의 확산으로 근본적인 변화를 겪고 있다. 디지털 플랫폼을 통해 시민들의 정치 참여 기회가 확대되고, 다양한 형태의 정치적 표현이 가능해진 것이다. 하지만 유튜브와 같은 일부 플랫폼은 정당 정치의 왜곡이나 확인되지 않은 오보의 확산 통로로 악용되는 등 장기적으로 민주주의의 위험 요소가 될 수 있다(장우영 외, 2023).

현대 정치 커뮤니케이션에서의 AI 활용은 이중적 효과를 보여 준다. 정치 메시지 전달의 효율성을 높이는 도구로 활용되지만, 딥페이크와 가짜 뉴스는 시민 누구나 손쉽게 생성할 수 있게 되면서 정치적이나 사회적 불안감이 가중하고 있다. 또한 시민 개인의 관심사와 정치적 성향에 맞춤화된 정보 제공을 통해 정치 참여를 촉진할 수 있지만, 다른 한편으로는 필터 버블과 에코 챔버 현상을 심화해서 정치적 극화와 사회적 분열을 가속화할 위험을 내포한다(조진형 · 김규정, 2022).

한국은 세계에서 가장 높은 인터넷 보급률과 모바일 사용률을 가진 국가 중 하나로, 디지털 광고가 선거 전략의 핵심이 된 지 오래다. 특히 20~30대는 유튜브와 SNS

를 통해 정치 정보를 수집하고, 각 정당도 이를 활용한 AI를 기반으로 한 선거 광고를 이미 도입하고 있다. 이러한 타깃 광고가 정치적 판단 능력이 취약한 계층에 과잉 설득 효과를 가지며, 이를 통해 정당은 더욱 자극적이고 극단적인 메시지에 유인을 갖게 된다는 점이다. 특히 정치 경험이 적은 청년층이나 고령층의 미디어 리터러시 부족 문제는 이런 영향에 매우 취약하다.

전통적인 일방향 정치 메시지 전달 구조는 상호작용적이고 개인화된 디지털 정치 참여 환경으로 전환되었으며, 이는 시민들에게 새로운 형태의 미디어 리터러시와 디지털 시민성 역량을 요구한다(양정애, 2017). 민주주의의 핵심은 시민들이 다양한 관점의 정보에 접근하고 이를 비판적으로 평가하여 자율적인 정치적 판단을 내리는 것이다. 그러나 AI 알고리즘이 매개하는 정치 정보 환경에서는 이러한 민주적 숙의 과정이 왜곡될 가능성이 높아진다. 따라서 정치 커뮤니케이션과 연계한 미디어 리터러시와 디지털 시민성 교육은 단순한 디지털 기술 교육을 넘어 민주주의 보호를 위한 필수 시민 교육으로 인식되어야 한다(양정애, 2017).

정치 커뮤니케이션에서의 미디어 리터러시

생성형 AI, 알고리즘 기반 타기팅, 자동화된 정치 콘텐츠의 확산은 정보의 진위를 스스로 판단할 능력을 갖춘 시민을 필요로 한다. 특히 딥페이크 기술을 활용한 정치인 가짜 영상, AI가 생성한 음성 메시지, 자동화된 가짜 뉴스 기사들이 실제 정치적 사건처럼 유통되면서 시민들의 정치적 판단을 왜곡한다. 더 나아가 개인화된 알고리즘이 만드는 '필터 버블' 현상은 시민들이 자신의 정치적 성향과 일치하는 정보만 반복적으로 접하게 만들어 정치적 편향을 강화하고 사회적 양극화를 심화한다.

미디어 리터러시는 미디어를 비판적으로 분석하고 평가하여 정보를 능동적으로 이해하고 활용할 수 있는 능력을 말한다(정현선 외, 2016). 이는 AI가 만들어 내는 복잡하고 정교한 정보 환경에서 시민들이 정확한 정보를 선별하고 이해하는 데 필수인 능력이다(Hobbs, 2010). AI가 생성한 뉴스, 영상, 광고 등이 일상화된 지금, 시민은 "이 메시지를 누가, 어떤 목적에서, 어떤 기술로 만들었는가?"를 스스로 질문할 수 있어야 한다. 정치 커뮤니케이션 영역에서 미디어 리터러시는 '정치적 메시지의 생산자, 전달 매체, 수용자 간의 권력 관계를 이해하고, 정치적 정보의 신뢰성과 편향성을 비판적으로 평가하며, 민주적 가치에 부합하는 정치 참여를 실천할 수 있는 역량'으로 정의할 수 있다(정현선 외, 2016).

디지털 시민성(Digital Citizenship)이란 단순한 기술 활용 능력이 아니라, 디지털 사회에서 책임 있게 참여하고, 온라인상에서 윤리적인 행동을 실천하는 능력을 뜻한다(Ribble & Park, 2019; 양정애, 2017). 리블과 파크(Ribble & Park, 2019)의 디지털 시민성 개념을 확장하여, AI 기반의 정치 메시지와 조작된 정보 환경 속에서 시민들이 비판적이고 주체적으로 대응하기 위해 반드시 필요한 역량이다. AI 정치 콘텐츠가 무분별하게 공유되거나 확산되는 것을 방지하려면, 시민 각자가 온라인에서 공익을 고려해 신중하게 판단하고 행동할 수 있어야 한다. 특히 디지털 시민성은 정치 참여의 맥락에서 특별한 의미를 갖는다. 디지털 시민성은 단순한 온라인 에티켓을 넘어 디지털 환경에서 민주적 가치를 실현하고 건설적인 정치적 담론에 기여하는 능력으로 확장되어야 한다. 한국은 높은 인터넷 보급률과 모바일 기기 사용률을 바탕으로 활발한 디지털 정치 참여 문화가 형성되어 있다(안정임 · 서윤경, 2014). 그러나 이러한 기술적 환경이 반드시 성숙한 디지털 시민성으로 이어지지는 않는다. 특히 한국에서는 디지털 미디어 리터러시 격차가

세대와 경제 수준에 따라 상이한 양상을 보이며, 성인 집단에서만 경제 수준이 유의미한 차이를 보이는 것으로 나타났다(안정임 · 서윤경, 2014). 이러한 격차는 정치적 불평등으로 이어질 수 있다. 디지털 미디어 리터러시가 높은 집단은 가짜 정보를 효과적으로 식별하고 다양한 정보원을 활용해 정치적 판단을 내릴 수 있지만, 그렇지 못한 집단은 조작된 정보에 더 취약하게 된다. 이는 결과적으로 정치 참여의 질적 격차를 만들어 내고 민주주의의 기반을 약화할 수 있다.

민주 시민 역량 강화를 위한 교육 모델

정치 커뮤니케이션과 연계한 미디어 리터러시와 디지털 시민성 교육은 단순한 기술 습득을 넘어서 민주주의를 지키기 위한 필수적인 시민 교육이다(정용복, 2020). AI가 매개하는 정치 정보 환경 속에서 시민들이 자율적이고 비판적인 정치적 판단 능력을 갖추는 것은 민주주의의 지속 가능성을 확보하기 위한 핵심 과제다. 민주주의는 단순히 제도에 국한된 것이 아니다. 민주주의의 성패는 그 제도를 운영하는 시민들의 역량에 달려 있다(정현선 외, 2016). AI 시대의 정치 커뮤니케이션 환경에서 시민들이 현명한 정치적 판단을 내릴 수 있도록 지원하는 것이 교육의 최종 목표가 되어야 할 것이다.

한국은 2015 개정 교육 과정에서 '미디어 이해 교육'을 일부 과목에 통합하였으나, AI와 정치 커뮤니케이션이라는 새로운 환경에 특화된 교육 내용은 부족했다. 2022 개정 교육 과정에서도 AI를 활용한 맞춤형 교육 구현에만 초점을 두고, 학생들의 AI 역량 자체를 기르는 교육은 상대적으로 소홀히 다루고 있다. 특히 생성형 AI 기반 콘텐츠의 진위 검토, 알고리즘 편향 탐지, 데이터 기반 정치 메시지 분석 등은 교육 내용에 포함되어 있지 않다. 최근에는 AI 기반 정보 환경에서의 비판적 사고력을 높이기 위한 교육 프로그램의 도입이 논의되고 있다. 또한 지역 · 학교 간 교육 접근성 격차도 문제로 지적된다(정용복, 2020). 디지털 네이티브 세대와 기성세대 간의 상호 학습 프로그램을 통해 세대 간 디지털 격차를 해소할 수 있다. 젊은 세대는 디지털 기술 사용법을, 기성세대는 정치적 경험과 비판적 사고력을 공유하는 방식이다. 또 여러 기관에서 실행하고 있는 저소득층 대상 디지털 기기 지원과 무료 교육 프로그램을 통해 경제적 격차로 인한 미디어 리터러시 불평등을 해소해야 한다. 특히 지역 도서관, 주민 센터 등 접근성 높은 공간에서 정기적인 교육을 제공하는 것이 중요하다.

한국이 AI 기반 정치 환경에서 효과적으로 대응하기 위해서는 미디어 리터러시와 디지털 시민성 교육의 제도화와 확대가 필수다. AI 시대에 맞는 교육 콘텐츠 개발과 시민 교육 확대를 통해 민주주의의 지속 가능성을 강화할 수 있다. 정책적으로는 첫째, 지역 사회에서 미디어 교육을 보다 체계적으로 활성화할 수 있도록 전문 기관의 역할을 재정립해야 한다. 둘째, 현재 미디어 교육의 가장 큰 문제인 파편성과 체계 부재를 해결하기 위해 지역 단위에서 민관 협력을 기반으로 한 미디어 리터러시 교육 네트워크를 조속히 구축해야 한다. 셋째, 다양한 미디어를 활용하여 사회 문제를 통합적으로 이해하고 자신의 의견을 표현할 수 있는 폭넓은 교육 기회로 미디어 리터러시 교육을 활용하는 정책이 필요하다(윤세민, 2017).

참고문헌

박종임(2021). "디지털 미디어 리터러시 교육 개선을 위한 국어과 교육과정 현황 분석". 《청람어문교육》, 81, 7~36쪽.

안정임 · 서윤경(2014). "디지털 미디어 리터러시 격차의 세부요인 분석: 세대와 경제수준을 중심으로". 《디지털융복합연구》, 12(2), 69~78쪽..

양정애(2017). "인격권 보호를 위한 디지털 시민성 함양: 디지털 리터러시 교육의 필요성을 중심으로". 《미디어와 인격권》, 3(2), 85~125쪽.
문보경(2021.4.27). "2022 교육과정 'AI·디지털' 겉핥기… '인재양성 비전 실종'". 전자신문.
윤세민(2017). "국내 미디어 리터러시에 관한 연구 분석: 중학교 교육과정을 중심으로". 《한국출판학연구》, 43(2), 39~67쪽.
장우영 외(2023). "소셜미디어 플랫폼과 정치양극화의 개선과제". 국회입법조사처 정책연구용역보고서.
정용복(2020). "미디어 리터러시 교육 인식과 정책 방안 연구: 제주지역 학교와 사회 미디어교육 관계자 심층 인터뷰". 《한국소통학보》, 19(3), 51~86쪽.
정현선 외(2016). "핵심역량 중심의 미디어 리터러시 교육 내용 체계화 연구". 《학습자중심교과교육연구》, 16(11), 211~238쪽.
조진형 · 김규정(2022). "소셜미디어에서 에코챔버에 의한 필터버블 현상 개선 방안 연구". 《한국콘텐츠학회논문지》, 22(5), 56~66쪽.
Hobbs, R.(2010). Digital and media literacy: A plan of action. Aspen Institute.
Livingstone, S. & Helsper, E.(2007). Gradations in digital inclusion: Children, young people and the digital divide. *New Media & Society, 9*(4), pp.671~696.
Ribble, M., & Park, M. (2019). The digital citizenship handbook for school leaders. InternationalSociety for Technology in Education.
Vaccari, C. & Chadwick, A.(2020). Deepfakes and disinformation: Exploring the impact of synthetic political video on deception, uncertainty, and trust in news. *Social Media + Society, 6*(1).

10
AI와 민주주의가 공존하는 미래

정치 커뮤니케이션 전문가의 시각으로 AI 시대의 민주주의적 도전을 분석하고, 민주주의 보호를 위한 국제 협력과 시민의 역할에 대해 구체적인 전략을 제시한다.

AI와 미래 의사?

AI가 민주주의에 미치는 근본적 도전

AI의 발전은 민주주의가 유지되기 위한 조건과 과제를 근본적으로 재정의하고 있다. AI 기술이 정치 커뮤니케이션의 주요 수단으로 떠오르면서, 투명성, 책임성, 공정성과 같은 민주주의의 핵심 가치에 중대한 도전이 되고 있다. 조소영(2020)은 "알고리즘으로 대표되는 AI 정보기술은 누가 이 기술을 지배하느냐에 따라 민주 사회의 의사 결정 과정 자체를 악용할 수 있는 위험을 안고 있으며, 새로운 '빅브라더'의 시대를 설계할 수도 있다"라고 지적한 바 있다.

AI는 한편으로는 시민 참여를 확대할 가능성을 열어주지만, 동시에 또 다른 형태의 배제를 야기한다. 디지털 리터러시와 기술 접근성이 뒷받침되지 않으면, AI가 숙의 민주주의를 지원하는 역할을 하더라도 일부 계층은 소외될 수밖에 없다. 고령층, 저소득층, 지방 거주자들은 이러한 정보 환경에서 배제되기 쉽다는 것이 현실이다. 마누엘 카스텔이 말한 것처럼, 네트워크 사회에서 권력은 '연결성'에서 비롯되며, 디지털 리터러시 격차는 이러한 연결의 불균형을 심화해서 결과적으로 시민 자격의 불평등으로 이어진다.

또한 AI는 특정 유권자에게 특정 정보만을 제공하는

방식으로 '선택적 현실(Selective Reality)'을 만들어 내며, 이는 '알고크러시(Algocracy)' 현상과도 연결된다. 알고크러시는 AI, 로보틱스, 블록체인, 사물 인터넷 등 첨단 기술이 정책 결정에 개입함으로써 효율성과 합리성을 강화한다는 개념이지만, 동시에 전통적인 민주적 숙의 과정을 기술 논리에 종속할 위험도 있다. 정치 과정의 자동화가 진행되면 권력의 중심이 사람에서 AI로 이동하는 '알고리즘 권력'이 등장하게 되고, 이로 인해 '알고리즘 민주주의'가 현실화될 수 있다는 우려도 제기된다(손현주, 2019).

이러한 새로운 형태의 민주주의는 정치 활동을 수동적으로 만들며, 딥페이크와 마이크로 마케팅 같은 기술을 통해 탈진실 현상을 더욱 가속화함으로써 여론 형성과 선거 절차를 왜곡해서 민주주의에 심각한 위협을 가한다. 더불어 AI가 활용되었을 때 실질적 민주주의보다는 절차적 민주주의에 초점을 맞추게 되고 데이터주의에 매몰됨으로써 디지털 독재의 위험에 빠질 가능성이 높다(손현주, 2019). 이는 정치적 다양성, 자율성, 표현의 자유 등 민주주의의 핵심 가치와 충돌할 수 있다. 특히 마이크로 타기팅과 자동화된 메시지는 유권자의 선택을 정교하게 유도하거나 제한하며, 집단 간 이해보다는 갈등을 강조하는 방식으로 기능할 수 있다. AI가 생성한 가짜 뉴스, 딥페이크, 자동화된 봇 계정이 여론에 개입하면서, 시민은 더 이상 정보의 진위를 확신하지 못하게 되고 정치 시스템에 대한 신뢰도 전반적으로 하락한다. 이는 투표율 감소, 냉소주의 확산, 시민 불참으로 이어질 수 있다. 실제로 한국에서는 2024년 총선을 앞두고 딥페이크를 활용한 선거 운동을 선거일 90일 전부터 전면 금지하는 공직선거법 개정안이 통과되었으며, 이는 AI 기술이 선거에 미칠 수 있는 부작용에 대한 경각심을 반영한 것이다. 특히 2024년 12월 발생한 계엄령 사태는 이러한 우려를 현실로 드러낸 사례였다. 당시 이재명 대표가 처음 계엄령 발표를 딥페이크로 의심했다는 사실은 AI 시대에 정치적 커뮤니케이션의 진위를 가려내는 일이 얼마나 어려워졌는지를 여실히 보여 주는 사건이었다. 이는 결국 AI 기술이 정치적 신뢰를 뿌리부터 흔들고 있음을 시사한다.

시민의 적극적 참여와 AI 거버넌스 구축

AI 시대의 민주주의는 시민의 '비판적 수용 능력'을 기반으로 작동한다. 그러므로 시민의 적극적인 참여 없이는 유지되기 어렵다. 따라서 학교 교육, 시민 단체, 공공 기관이 서로 협력하여, 시민이 AI 기반 정치 콘텐츠를 이해하고 평가할 수 있도록 충분한 미디어 리터러시 교육을 제공해야 한다. 이를 통해 시민들이 정보를 비판적으로 분석하고, AI 기술의 작동 원리를 이해하여 정치적 메시지를 올바르게 평가할 수 있어야 한다. 또한 AI 의사 결정 과정에 시민이 직접 참여할 수 있는 제도적 메커니즘 구축이 중요하다. 이는 전통적인 대의제의 한계를 보완하고, AI 시스템이 사회 전체의 이익을 반영하도록 하는 민주적 장치다. 시민 배심원제, 시민 의회, 참여 예산제와 같은 기존의 시민 참여 제도를 AI 거버넌스 영역으로 확장하여, 중요한 AI 정책 결정에 시민의 목소리가 반영되도록 해야 한다. 마지막으로 AI 시스템의 편향성과 공정성을 지속적으로 모니터링하는 시민 감시 체계도 필요하다. 정치적 의사 결정에 활용되는 AI 알고리즘의 경우, 정기적인 감사와 평가를 통해 특정 집단에 대한 차별이나 편향이 발생하지 않도록 사전에 방지해야 한다.

AI 시대 민주주의의 지속 가능성을 위해서는 포괄적인 AI 거버넌스 체계 구축이 필수다. 이는 단순히 기술적 규제를 넘어서 민주적 가치와 원칙을 AI 시스템에 내재화하는 과정이다. 알고리즘의 등장으로 대표되는 AI 정보 기술은 기술의 지배자가 누구인가에 따라 민주 사회의 의사 결정 과정을 악의적으로 지배할 수 있게 되는 위험성을 고려할 때(조소영, 2020) 투명하고 책임성 있는 AI 거버넌스 구조가 반드시 필요하다. 효과적인 AI 거버넌스는 다중 이해 관계자 모델을 기반으로 해야 한다. 정부, 기업, 시민 사회, 학계가 협력하여 AI 시스템의 개발과 운용의 전 과정에서 민주적 가치가 구현되도록 감시하고 견제하는 체계를 마련해야 한다. 특히 정치 영역에서 활용되는 AI 시스템의 경우, 알고리즘의 투명성과 설명 가능성을 보장하는 제도적 장치가 핵심이다.

AI 거버넌스는 강제적 규제와 자율적 규제의 적절한 균형을 통해 달성되어야 한다. 과도한 규제는 기술 혁신을 저해할 수 있으나, 규제의 부재는 민주주의의 핵심 가치를 훼손할 위험이 있다. 따라서 AI 기술의 발전 속도에 맞춘 유연한 규제 체계가 필요하다. 특히 선거 과정에서의 AI 활용에 대해서는 보다 엄격한 기준이 적용되어야 한다. 2024년 한국의 공직선거법 개정으로 딥페이크를 활용한 선거 운동이 금지된 것은 이러한 맥락에서 이해할 수 있다. 그러나 이러한 규제가 단순한 금지에 그치지 않고, AI 기술을 민주적으로 활용할 수 있는 가이드라인과 함께 제시되어야 한다. AI 시대의 민주주의 거버넌스는 기술적 해결책만으로는 불충분하다. 미디어 리터러시 교육을 받은 시민들은 단순한 수용자에서 능동적 감시자로 변화한다. 이들이 AI 거버넌스 과정에 참여할 때 비로소 기술과 민주주의의 건설적 공존이 가능해진다.

AI 시대 민주주의의 전망

AI와 민주주의의 관계는 기술이 모든 것을 결정짓는다는 관점에서 벗어나, 그것을 어떻게 선택하고 활용하느냐에 따라 달라지는 사회적 문제로 바라봐야 한다. AI 기술 그 자체가 민주주의를 위협하거나 강화하는 것이 아니라, 그 기술을 어떤 방식으로 설계하고 운용하는지가 결정적인 역할을 한다. 이를 위해 투명하고 책임 있는 AI 시스템을 개발하고, 시민이 직접 참여할 수 있는 AI 거버넌스를 구축하며, 디지털 교육을 포용적으로 확대하는 것이 핵심 과제가 된다. 특히 알고리즘의 편향을 지속적으로 감시하고 수정할 수 있는 체계를 마련하고, 시민들이 AI의 의사 결정에 참여할 수 있도록 제도화하는 것이 중요하다. 고도화된 정보 기술을 민주주의 시스템에 맞게 활용하면 기존 대의제의 한계를 보완할 수 있다. 따라서 이러한 기술에 대한 우려와 주의는 사회적 합의로 이끌어 내 입법화함으로써, 정치와 사회의 방향성을 함께 설정해야 한다(조소영, 2020).

이처럼 책임성과 투명성을 위한 원칙이 잇따라 제시되고 있지만, 그것을 실제 조직의 의사 결정과 운영 표준으로 전환하는 과정에는 분명한 간극이 존재한다. 공공부문은 조달 · 평가지표가 단기 효율과 비용 절감에 맞춰져 있고, 민간 플랫폼은 투자 회수(ROI)와 출시 속도를 중시하는 산업 생태계 논리에 묶여 있다. 알고리즘 감사, 영향 평가, 데이터 거버넌스 역량은 여전히 취약하며, 시민 · 노동 · 취약계층 관점의 위험 완화는 후순위로 밀리기 쉽다. 현재의 공공적 가치보다는 산업적 성과와 효율성 중심의 논리에 의해 좌우되는 경우가 많다. OECD와 유럽연합은 '위험기반접근법'을 도입해 규제하려 하고 있으나, 시민의 참여는 여전히 선언적 수준에 머물러 있다. 민주주의는 어떻게 기술을 사용할 것인가만 아니라, 그 설계와 배포, 규제 전 과정에 걸쳐 시민의 통제가 작동해야 한다. 아무리 기술 윤리 가이드라인이 마련되어 있더라도, 그것이 현실에서 실효성을 갖기 위해서는 법적 구속력과 민주적 감시가 함께 따라야 한다. AI 시대의 민주주의는 특정 소수만을 위한 효율적 시스템이 아닌, 모두가 연결되고 참여할 수 있도록 설계된 포용적 구조여야 한다. 기술은 공공선을 위한 도구이며, 그것이 누구를 위해 어떻게 작동하느냐를 묻는 것이야말로 민주주의의 본질이다. 지금 필요한 것은 더 정교한 알고리즘이 아니라, 더 넓은 공공성의 지평이며, 기술 중심이 아닌 사람 중심의 설계다. 디지털 포용은 AI 시대 민주주의가 제대로 작동하기 위한 기본 조건이며, 모든 시민이 주권자로서 기능할 수 있는 유일한 길이다.

우리나라는 높은 디지털 활용 능력과 풍부한 민주주의 경험을 바탕으로, AI 시대의 새로운 민주주의 모델을 제시할 충분한 가능성을 가지고 있다. 과거의 선거 경험을 보면, 앞으로의 선거에서는 AI를 보다 성숙하게 활용하는 방식이 자리 잡을 것으로 기대된다. AI 기술이 민주주의를 위협하는 수단이 아니라, 시민의 정치 참여를 넓히고 정보를 기반으로 한 합리적 결정을 돕는 방향으로 사용되도록 만드는 것이 오늘날 우리가 해결해야 할 과제다. 이를 실현하기 위해서는 기술 개발자, 정책 입안자, 정치인, 시민이 함께 협력해야 한다. AI 시대의 민주주의는 함께 만들어 가는 공동 프로젝트다. 기술의 발전 속도에 발맞춰 민주적 제도와 시민 역량도 함께 발전해야 하며, 이 과정에서 시민의 주체적인 참여와 비판적 사고는 무엇보다도 중요하다.

참고문헌

손현주(2019). "인공지능 거버넌스와 민주주의의 미래". 《사회사상과 문화》, 22(2), 305~349쪽.

안정임 외(2017). "국내 미디어 리터러시 연구 동향 분석: 연구 특성 및 미디어 역할, 미디어 리터러시 역량요인을 중심으로". 《한국방송학보》, 31(5), 5~49쪽.

조소영(2020). "인공지능과 민주주의". 《공법연구》, 49(2), 147~167쪽.

European Commission(2019). Ethics guidelines for trustworthy AI.

OECD(2019). Recommendation of the Council on Artificial Intelligence.

권성욱

유플러스연구소 연구실장으로, 경기대학교 산학협력겸직교수, 유한대학교 방송영상전공 겸임교수로 재직 중이다. 한국디지털포용협회 전문위원, 한국매거진미디어융합학회 연구이사로 활동 중이다. 서울과학기술대학교에서 컴퓨터공학을 전공하고 경기대학교 대학원에서 언론학 석사, 박사 학위를 받았다. 중앙선거관리위원회(중앙선거방송토론위원회)에서 수년간 대통령선거 TV토론을 기획·운영하며 미디어와 선거 분야에 근무했다. 경기대학교 미디어영상학부에서 강의했으며, 경기대학교 첨단미디어융합센터, 경기도평생교육진흥원, 정화예술대학교 등에서 근무했다. 저서로 《AI와 레토릭》(2025)이 있으며, 주요 논문으로 "토픽모델링 기법을 활용한 대통령선거 TV토론 분석"(2024), "북한 관련 뉴스 빅데이터를 활용한 언론 보도 연구"(2023), "뉴스 빅데이터를 활용한 LH 사태 관련 뉴스 키워드 분석"(2022), "뉴스 빅데이터로 본 코로나19 키워드 분석"(2020) 등이 있다.